JN065500

校長先生、教頭先生、そのお悩み解決できます！

妹尾昌俊

教育研究家／一般社団法人ライフ＆ワーク代表理事

教育開発研究所

はじめに

お悩み相談、はじめました〜！

なんだか「冷やし中華、はじめました」みたいな見出しになってしまいましたが、本書は、**最前線でがんばっておられる校長先生、副校長・教頭先生、教職員の方々から寄せられた質問やお悩みに、わたしなりにアタマをひねりにひねって、答えてみたもの**です。

たとえば……

○「現場でできる働き方改革なんて限界に来ています。」
○「勤務時間の過少申告など、残業の見えない化が起きています。どうしたらいいですか。」
○「自分の考え方、やり方を変えようとしない年配の経験豊富な先生をどうアップデートしたらよいですか。」
○「新型コロナで飲みニケーションもなくなって、先生たちが孤立し、個業化しています。何から始めたらよいでしょうか。」
○「過去問をとにかくやれなど、教育委員会が示す学力向上対策に納得がいきません。」
などなど。

もちろん、経験豊かなみなさんが「うーん」となっているような問題に対して、わたしが言えることは、たかが知れているかもしれません。

ただ、多少なりとも、みなさんが気づいていなかったことを申し上げられたり、参考になることをお届けできたりするといいなと思っています。

わたしは、校長や教職員、教育長等向けに講演や研修をよく行っています（多いときは年間100回超）。「ご指導をお願いします」なんて言われることは多いのですが、毎回、恐縮してしまいます。教育関係者の方は「指導」という用語を本当によく使いますが（そもそも学習「指導」要領ですしね）、正しいことを教え諭すみたいなニュアンスを感じて、わたしはどうも好きにはなれません。世の中、正しいと決まっていることばかりではないですし、現場の先生方が悩んでいることは、複数の正義や価値観のせめぎ合い、ジレンマだったりもしますから。妹尾から言えることは、よそ者から見えた気づき、ちょっとしたアドバイスというくらいです。この本もそんな性格のものと捉えていただければ、幸いです。


「ジョハリの窓」という有名な話がありますよね？　お互い、見えているものが違いますから、学び合いになればと思うのです。

実は、わたしは小学生の頃、新聞の人生相談の欄が好きでした。ませたガキンチョだったかもしれませんが、「にんげん、年をとっても、こういうことで悩むんだ」とか「みんなそれぞれに大変やなあ」と思ったものです。本書で紹介するお悩みに共感される読者も多いのではないでしょうか。

ちなみに、「四十にして惑わず。五十にして天命を知る」とは孔子の言葉だそうですが、孔子自身の生き方を見ていると、40歳、50歳を過ぎたあとも放浪を続けていて、悩み多き人生だったんじゃないかと思います。歴史に残る大先生でもこうですからね、いわんや凡人をや、です。

『**校長先生、教頭先生、そのお悩み解決できます！**』と、威勢のよいタイトルにしましたが、**「ちょっと気がラクになった」「明日から少しちがった視点でアプローチしてみよう」**と思っていただける一冊になれば、幸いです。校長、教頭だけでなく、複雑で一筋縄にはいかない問題に直面している先生たち、また、教員以外のスタッフ、教育行政職員、保護者等にとっても役立てれば、嬉しいです。

複眼的思考のトレーニングに：正解はひとつではない

先ほども述べましたが、今回取り上げた質問や悩みのほとんどには、**決まった正解、模範解答があるとは思えません**。世の中の多くの問題や人々を悩ませてきた難問というのは、そういうものです。歴史上、哲学者や思想家がたくさん出てきたのも、「よっしゃ、これでバッチリOK」なんていう正解がないからでしょう。

対照的に、学校での勉強、授業などでは、子どもたちに、正解がひとつと決まっている、先人の知識・知見を教えるという側面が強いですよね。このためか、学校の先生たちには、ひとつの正解を探そうとする癖、マインドが強いように思います（もちろん、すべての人がそうだと、安易に一般化するものではありません）。わたしが講演したときにも、「本校で○○したいんですけど、いいと思いますか」「効果的な事例を教えてください」といった質問がかなり寄せられます。「正解主義」といいますか、ひとつの正解を探そうとする癖でしょうか。

アニメ『名探偵コナン』での決めゼリフは「真実はいつも一つ」ですが、「正解はいつも一つ」とは限りません。本書にはない視点や考え方、アプローチも広く歓迎です（「複眼的思考」と呼んでもよいでしょう）。

そこで、より幅広い考え方や視点を紹介したいという思いもあって、本書では有識者との対談も収録しました。ただし、繰り返しますが、識者の捉え方も多くの考え方のひとつに過ぎません。取扱注意。

「わたしだったら、こう考える」「もっといい方法がある」といったアイデア、それから「うちの学校もこういうことで困ってます」「もっと深刻な悩みがあるんですけど」など、ご意見、お悩みは、いまも絶賛募集中です。お気軽にお寄せください。


さて、前口上はこのくらいにして、さっそくお悩み相談に入っていきましょう。本書の使い方もさまざま。たとえば、職場での会話や教職員研修などで、「妹尾はこう解説しているけど、あなただったら、どう答える？」というワークをやってみても、おもしろいと思います。もしくは、寝っ転がりながら、興味のある箇所から読みはじめていただいてもＯＫです。

妹尾昌俊
senoom879@gmail.com

目次

Chapter3 「反省もしない、成長しようともしない先生に手を焼いています」

Chapter4 「雑談のない職員室、職員が孤立しがちです」

Chapter5　「教育委員会のやり方に納得いきません」

Chapter6　「教頭がしんどすぎます」

Chapter7 「昨夜はある保護者への対応に3時間かかりました」

Chapter 1

現場でやれる働き方改革は限界です

1 やれることはやりつくし、現場でできることは限界に来ています

お悩み

働き方改革で、学校でやれることはやりきったと思います。勤務時間を意識するよう声がけをしたり、行事の見直しや会議の精選も進めたり。留守番電話の設定も。一方、GIGAスクール構想で端末の設定など、やることは増えるばかりです。現場でできることは限界に来ていると思います。

（関東、小学校、校長）

似たお話は各地でうかがいます。とりわけ小学校は、国の定める教員定数も学級担任制を基礎にしていますから、本当に少ない人員で日々の教育活動に尽力されています。中・高とちがって、部活動が重

いというわけでもありませんし（一部は小学校部活動もありますが）、「学校でできることは、もうやったよ」という声があがるのも、よく理解できます。

一方、本当にそう捉えてばかりでいいのでしょうか、とも思います。少し解説します。

3つのチェックポイント

「学校にはもっと工夫が必要だ」と精神論をふりかざしてもいけないとは思いますが、少なくとも次の3点で、各学校の取り組みを振り返ってみる必要はあると、わたしは考えます。

第一に、校長としてはやれることはやりきった、推進しているという感触はあっても、**本当にそれが職場で浸透しているだろうか**、という点です。

たとえば、職員会議は精選しても、学年ごとの会議はやたらと長いといったケースです。また、タイムカード上では時間外勤務は減っているように見えても、自宅への持ち帰りが増えていて、教職員の負担はそれほど変わっていないケース。**「笛吹けども踊らず」といった状態は学校に限らず、どこの組織でも起きがち**なことです。

踏み込み不足はないか

第二に、**個々の教職員の裁量が大きいことについては、手つかず**である可能性です。行事や会議の見直し、留守番電話設定などは組織的な対応であり、もちろんそうした取り組みは重要なのですが、先生たちが忙しいのは、そうした要因だけではありませんよね。

学校や人によってもさまざまではありますが、たとえば、ある先生は教材づくりに熱心で夜遅くまでかかっている。これは必ずしも悪いことや非効率であるとは限りませんが、「本当にすべて自作プリント等である必要はあるのか」とか「つくることが目的化してしまっているところはないか」などは、考えていけることです。児童生徒の宿題や提出物（ノート、作品等）への丸つけやコメント書きに熱心な先生も、それが子どもたちを励ますうえで効果的なことも多々あるとは思いますが、「授業中などで口頭でのフィードバックでもいいのではないか」とか「ＩＣＴを使って採点、集計などはもう少しラクにできるのでは」などは検討していけると思います。

ところが、学校というところは、個々の先生たちの裁量や自律性の高い領域には、他の先生——校長であっても——はなかなか関与しようとしないケースもあるのではないでしょうか。「いや、それはあの先生のやり方だから」とか「口を出すと、機嫌を損ねるから（あるいはモチベーションを下げかねないから）」といった配慮があるものと思います。

細かいことまで管理、干渉しようとするのは「マイクロマネジメント」と呼ばれて、悪影響が大きいものですから、気をつける必要があります。とはいえ、個人任せばかりになっていると、進まないこともあると思います。

医者も同じですが、「診断」が重要です。個々の先生の我流のやり方、裁量のよさもたくさんあるでしょうが、見直せることもあるのではないか、という問いかけ、働きかけは、校長先生や教頭先生からもしていけるといいと思います。

常識を疑ってみる

第三に、やりきった感はあっても、それは、**これまでの学校のやり方や〝常識〟の枠からは出ていない取り組みではないか**、という視点です。

各学校には自前で使える予算も少ないし、担任外の人員も少ないので限界はあるのですが、たとえば、「掃除って外注できないだろうか」「給食の時間を担任外の人とも交替で見守ってもいいのではないか」「1人1台端末を活かして宿題のあり方を抜本的に見直せないか」などです。予算のかかることは、教育委員会の役割も大きいとは思いますが。児童生徒の登校時間、下校時間も、各校の検討課題だと思います。

よくがんばられているから今回のお悩みがあるのだと思います。上記三点をチェックしつつ、いっそう推進できるといいですね。

2 働き方改革、もっと文科省から呼びかけてほしいです

お悩み

働き方改革、業務改善について、学校でできることは取り組んでいるつもりですが、もっと国（文科省）から「学校ではこれはやりません」とか「勤務時間外の依頼はご遠慮ください」など、保護者や地域に呼びかけてもらえないものでしょうか。

（中部、小学校、校長）

働き方改革には〝痛み〟が伴う

この手の質問、お悩みもよくうかがいます。校長先生、教頭先生からも出てきますし、教諭からも。学習指導要領をはじめとして、文科省は学校が担うことをビルド&ビルドで積み重ねていますので、そういう声が出てくるのは、理解できます。教員免許更新制が廃止になったのは（正式には発展的解消という用語を政府は使っていますが）、スクラップした例外的なものの一つかもしれません（更新制に代

わる研修履歴の管理等でまた教頭先生らの業務が増える可能性もありますが）。

さて、今回の質問をお寄せいただいた校長先生は、おそらく保護者等に歩み寄ってほしいことがあるのでしょう。

たとえば、児童の登校時間は、教職員の勤務時間より前であることが全国各地で見られますし、勤務時間外でも電話が平気でかかってくることもあります。保護者面談も、「仕事が忙しいから18時からにしてくれ」といった声があがることも。

運動会や学習発表会などの学校行事についても、「コロナ対策として中止、縮小します」とは言えるのに、**「働き方改革のため、やめます、減らします」は言えない、という校長先生も**います。保護者にたいへん遠慮しているのかもしれませんし、クレームになるとやっかいだと感じているのかもしれません。

また、中学校や高校で部活動の縮小（統廃合など）を進めようものなら、保護者、地域（卒業生や地方議員、場合によっては首長ら）を巻き込んで、すったもんだになる場合もあります。

これまで学校、教員が担ってきたことの一部をやめたり、減らしたりすることには、大きな抵抗や反対を受けることがままあります。**働き方改革には〝痛み〟やコンフリクトが伴う**のです。

それを避けたいので、無難なところしか進めない、進まないという学校も見られます。

たとえば、ノー残業デーや会議の精選は、保護者等の反対はほとんど起こらないので、進めやすいわけです。ですが、過労死ライン超えの人も多い職場で、そうした施策だけで、十分な時間的ゆとりを取り戻せるわけがありません。

校長先生（ならびに教育長）には、もう少し「嫌われる勇気」が必要かもしれません。

文科省頼みでいいのか？

　こうしたなか、なにかにつけて「もっと文科省から言ってほしい」という声は学校現場から出てきます。文科省を盾あるいは悪者にすれば、もしくは全国的にそうしていると言えたほうが、保護者等にも納得してもらいやすいと考えるからでしょう。

　ですが、わたしが問いたいのは**「あなたの学校はいつから文科省直轄になったのですか？」**ということです。

　国は大きな方針や全国共通の基準などは示しますが、各自治体と学校に具体的にあれをやれ、これをやれとは、法令違反などよほどのことがない限り、命じません。これは戦前の国家主導の軍国主義教育の反省があるからですし、学校教育では地方自治、地方分権が大切にされているからです。

　文科省から各教育委員会、それを通じて各学校にはたくさんの通知や連絡が来ていますね。コロナ禍ではいっそう増えました。ですが、ほとんどは注意喚起や情報提供、例示に過ぎず、命令ではないはずです。命令や強制のように読み違えている教育委員会や校長がいるのは困ったものです。

　学校の働き方改革についても、命令ではありませんが、文科省はすでに方針を出しています（「学校における働き方改革に関する取組の徹底について」２０１９年3月18日）。中教審答申を受けて、登下校中や夜間などの対応や学校徴収金などは、学校外が担うべき、つまり学校の業務、役割からは手放してもいいよ、と言っています。また、部活動や清掃などは必ずしも教員がやらなくていいと明言しています。

保護者に伝える最大のチャンスを逃すな

国が示す方針や働きかけが十分かどうかは議論のあるところですが、校長のいる意味のひとつは、こうした方針と各学校の実情をふまえつつ、**保護者等とコミュニケーションしていく**ところにあるのではないでしょうか。

たとえば、教職員の正規の勤務時間が何時から何時までか、知っている保護者はどれくらいいるでしょうか。ＰＴＡ役員でさえ知らない、正確に言うと、知らされていないのではないでしょうか。ちなみに、留守番電話を導入する学校は増えましたが、たとえば「18時以降設定します」としかお知らせしていない学校では、かなりの保護者は18時までが教職員の勤務時間だと誤解していると思います。

また、**在校等時間の記録はほとんどの学校でとっていますが、その概況を保護者等に伝えている学校が、どれほどあるでしょうか？** 45時間超や80時間超も多いことなどデータを示しつつ「学校が忙し過ぎることは、日本全体の社会問題ですが、本校でも、教職員の健康を守るために、また児童生徒にきちんと心のゆとりをもって接していけるようにするためにも、働き方改革を進めることは喫緊の課題です」と述べる校長先生は、全国で何人いるでしょうか？

新入生向けの説明会のときと、入学式のあとのガイダンス、この2つが保護者と話をする最大のチャンスです（あとひとつ加えるなら、学校運営協議会で議題にするべきです）。学校便りなども、出さないよりはマシだと思いますが、読んでほしい保護者ほど読まなかったりもします。教育委員会にデータや書類を出すだけで、問題解決するわけはないですよね？

もちろん、服務監督を担う教育委員会において、その自治体共通の取り組みを推進したり、呼びかけたりするのは、どんどん進めてよいと思います。

先生が忙し過ぎることは、保護者等にもよく知られるようになりました。ぜひ、校長先生と教育委員会から、率直な話をしてみてください。

クロス×トーク
私ならこう考える

学校に伴走する、教育委員会にできることは

遠藤 洋路 熊本市教育長

1974年生まれ。高知県出身。1997年旧文部省入省。文化庁、熊本県教育庁、内閣官房を経て文部科学省を退職し、2010年に政策シンクタンク「青山社中株式会社」を設立し共同代表に就任。2017年4月より現職。ハーバード大学ケネディ行政大学院修了（公共政策学修士）。著書に『みんなの「今」を幸せにする学校』（時事通信出版局）。

お悩み

やれることはやりつくし、現場でできることは限界に来ています

妹尾：働き方改革について、現場でできることはやりつくしてもう限界、という声は、校長、教頭、教員の方からもたくさんいただきます。共感する一方で、限界と言ってしまったらもう何もできないし、思考停止してもいけないとも思います。遠藤さんから見て、学校の働き方改革や業務改善のこれまでの取り組みについてどんな感触をもたれていますか。

熊本市の学校の働き方改革の成果

遠藤：働き方改革を進めてきているこの5年で、退勤時間は確実に早くなっています。時間外勤務が月80時間を超える人の割合はかなり減って、極端な長時間労働は以前に比べだいぶ少なくなりました。

学校閉庁日も大胆に取るようになってきています。最初は夏休みに3日ぐらい、恐る恐る取っていましたが、今では平均で年に7・44日取っています。

妹尾：少しずつ広がってきた取り組みはありますよね。

遠藤：ほかにも、学校の夜の電話対応をなくしたり、リモートを活用した研修をしたり、予備時数の削減もしています。年間の授業時数が標準授業時数より多い部分をかなり減らして、以前は70、80時間くらいだったのが、今は20時間くらいになっています。令和5年度からはゼロにしましょうといっていて、すでにゼロにしているところもあります。

妹尾：余剰時数の削減は、僕もよく提案しています。6時間目までぎっしりやらなければならない日が減りますから、だいぶ変わりますよね。

遠藤：たとえば学期の終わり頃の午後に、成績処理をする時間なども取れるようになりました。やってみると、学校で好評なものは自然に広まっていくようです。

また、日課の見直しもほとんどの学校がやっています。掃除なしの日、朝自習なしの日、集会なしの日などを設定して、時間をつくっている学校が多いですね。毎日同じ日課というのではなく、1週間の中にそういう日をつくっているようです。

課題は「部活動」と「教頭の負担軽減」

妹尾：そのように前進したところもある一方で、課題と感じられているのはどんなことですか。

遠藤：やはり部活動でしょうね。そこがなくなれば、中学校の教員の勤務時間はかなり減ると思います。あと、熊本市で重点課題にあげているのは教頭の業務の負担軽減ですね。

妹尾：業務の偏り、集中の問題ですね。

遠藤：鍵の開け閉めまで教頭が一人で担っているというようなことはよくあります。学校によっては当番制にするなど改善しているところもありますが、まだまだ教頭の勤務時間が一番長いのは事実です。ですから、これから取り組むとしたら「部活動」と「教頭の負担軽減」の二つですね。

妹尾：他自治体でも、どちらも大きい問題です。

遠藤：部活動については、熊本市でも検討していますが、国でもスポーツ庁・文化庁で方向性を示しています。部活動が教員の業務から外れるならもう一段進んだ働き方改革が可能だと思います。

ただ、それも現場でできることというよりは、全体的な仕組みですよね。だから「学校現場でできることはやり尽くした」という感覚はわからなくもないです。お金をかけないでできることは、だいたいもうやってきたという感じです。

妹尾：お金をかけられるなら、掃除を外注するとか、何よりも人を増やすことができますし、そうすればさらに働き方改革が進みます。そういう点では、このお悩みは、現場にがんばれ、がんばれとばかり言わないで、教育委員会や国にもっとがんばってほしいというニュアンスもあると思います。

働き方改革はお金で解決できる問題

遠藤：基本的には、働き方改革はお金で解決するべき問題だし、解決できる問題です。人が今の倍いて、給料を倍払うことができれば、そんな工夫・改善も必要ないわけです。

妹尾：そうですね。一方で、たとえば、サポートスタッフや部活動指導員などを増やすことで1日あたり20、30分くらい時間が空いたとしても、先生方の多くはその分早く仕事を終わらせるかというと、終わらないことも多いですよね。正規の職員が倍になるなどすれば、また変わるかもしれませんが。

遠藤：ですから、本来は今の倍くらいの人が必要なのだと思います。20、30分では焼け石に水ですよ。

妹尾：確かにそうですね。

遠藤：勤務時間中にしっかり45分ないし1時間の休憩が取れるような人員配置をすべきだし、本来は正規の職員でそれができるようにしないといけないので、教育委員会というよりは文科省の仕事として、教職員定数を増やすべきだと思います。

教員の仕事とそれ以外の仕事を切り分ける

遠藤：昼休みを1時間取れないことの一つの原因として、給食指導も「食育」といって教育の時間だという考え方を導入したことがあるのではないかと思います。どうしても給食の時間に「食育」をしたいのであれば、担任以外の人が正式に受け持って教育すべきで、教員はやはり1時間昼休みを取るべきではないでしょうか。

妹尾：そうですね。小・中学校では給食・掃除・昼休みで1時間〜1時間半くらいはあるので、その時間だけでもなくなれば全然違います。給食は火傷や誤食に注意する必要はありますが、それは教員以外のランチスタッフでもできますよね。たとえば熊本市でそれを導入しようとしたらむずかしいですか。

遠藤：独自制度として、自治体ごとにやるというのはなかなかむずかしいのではないでしょうか。お金があるかないかという問題よりは、食育という以上は教員の業務に位置づけられているので。

たとえ予算的にできたとしても、給食・掃除・休み時間の子どもたちの世話を、一切教員の業務ではない、その間に子どもがケガをしても教員が一切責任をとる必要はないということにできるかというと、それは結局、誰か別の人の責任になるだけです。

妹尾：確かにそうですね。

遠藤：その1時間だけ子どもの責任を負うような職種は今のところないと思うので、やはりこれは制度設計の問題だと思います。

妹尾：藤原文雄先生編集の『世界の学校と教職員の働き方』（学事出版、2018年）という本では、たとえばフランスでは、生徒指導専門員が中学校、高校に配置されていて、欠席生徒への連絡や体験活動の運営・準備、給食指導、休み時間の指導、問題行動を起こした生徒への指導、保護者対応などを担っています（同書166頁）。この生徒指導専門員などを補助する教育補助員も中学校、高校に1校あたり10人程度配置されているとのこと。日本との違いに驚きます。

遠藤：やはり学校には、教員と同じぐらいの人数の教員以外の常勤職員が必要と思っています。

妹尾：それはすごく大事な話なので僕も引き続き言っていきたいですし、ぜひ遠藤さんも今後も文科省・財務省に訴え続けてください。

遠藤：学校の設置者は自治体なので、もちろん自治体ができる部分はやっていきます。一方で、全国共通の課題に関してはやはり国が対応すべき面が多々あると思います。

妹尾：そうですね。たとえば、神奈川県の大磯町では、小学校の中に朝の学童、放課後子ども教室があって、7時過ぎから8時半頃まで預かってくれます。教職員の勤務時間の前に児童が学校に来てしまうという問題は全国どこでもある話ですが、その受け皿を用意しているんです。もちろん、事故があった場合の責任の所在などは明確にしておく必要はありますが、学校は施設を貸しているだけという形です。

遠藤：そういうふうに、学校の仕事が朝から夜まであって、そのすべてが教員の業務ではない、その一部を教員が担っているのだという発想にしていかないと、働き方改革はなかなか進みませんね。

それは教員側の意識についても言えることで、熊本市で部活動指導員を初めて5人くらい入れたときに、教職員の勤務時間が全く減らなかったんです。なぜかというと、部活動指導員と教員が一緒に指導していたからです。「2人で指導したらレベルアップしてとてもいいです」と言って。部活動指導員が指導するときは、教員は指導しなくていいということを改めて伝えて、初めて勤務時間が減りました。これまでの発想だとそのようになりかねません。

妹尾：児童生徒のために自分も何かしてあげたい、あるいは今までやってきたことを手放すのがむずかしいということでしょうか。

遠藤：「あなたの代わりに部活動指導員が指導するんですよ」と伝えれば納得するので、教員が指導しなくなることを嫌がっているわけではなく、知らなかったというだけなのですが。令和3年度は部活動指導員を入れた人数分だけ、部活動の時間はちゃんと減っていました。

ICTの活用でもっとできること

妹尾：ほかに、学校でもっとこんなこともできるのではないかということはありますか。

遠藤：そうですね、やはりICTの活用、DXでしょう。熊本市では今、Teamsを使っているので、職員間での情報共有はかなり進んで、それによって打ち合わせや会議の時間も減らせています。

また、これも進んではいますが、保護者からの子どもの欠席連絡を電話でするとか、学校だよりをわざわざ紙で配るなどはもっとなくせますよね。ほかにも、家庭環境調査票への記入などもデジタル化して、一度入力したらそれ以降は書かなくてもいいようにできれば、お互い省力化できると思います。

これらは教育委員会側の環境整備の問題でもありますが、学校に使える環境があっても、どのくらい使うかは学校ごとに違いがあります。ですから、学校現場でどこまでＩＣＴを使おうと決断できるかですね。教育委員会でも、Outlookの予定表で全部日程を管理することにしたらすごく便利になりました。以前は共有フォルダにあるExcelに予定を書き込んでいて、誰かが編集していたら別の人はできないというようなことがよくありました。

妹尾：わかります、ありがちですよね。

遠藤：今はOutlookに入れると自動的にスケジュールが皆に共有されます。それだけで余計なやり取りがだいぶ減りました。学校の場合は全国的にそこまでは行っていなくて、全部紙ベースだったりしますね。

妹尾：ＩＣＴの活用と教頭の負担軽減はけっこうリンクする話だと思います。ＩＣＴで教頭や事務職員の負担をもっと軽減することはできますよね。たとえばExcelに入力して、プリントアウトした後ハンコを押して郵送……などの作業は今もまだあるようなので。

遠藤：システムはあってもそれを使いこなしていない場合もあるのではないでしょうか。システムが一切導入されていない自治体はたぶんないと思うので。

教頭の負担軽減

妹尾：教頭の負担軽減が大きな課題の一つと言われていましたが、どの地域でも、教頭職は過労死ラインを超えているような激務の方が多いです。熊本市では、どういうアプローチをしていこうと思われていますか。

遠藤：まずは業務の分散です。現に教頭の業務としてやっていることを他の職員に振りにくいという部分もあると思いますが、先ほども言ったように、鍵開けなど教頭でなくてもできる仕事もやってしまっているので。

職員の数だけでいえば30、40人に管理職が2人というのはそれほど少なくないですが、子どもや保護者の人数も合わせて考えると1000人ぐらいの組織に2人の管理職というのは大変にきまっています。仕事は1000人分あるわけですから。教頭の人数を増やすことができればそれに越したことはないのですが、それを独自でできるのは相当なお金持ちの都道府県に限られます。

妹尾：できることとしては、役割分担の見直しとか、教頭の作業そのものを減らすことでしょうか。

遠藤：そうですね。主幹教諭や主任などのミドルリーダーに分散していくということが現実的な解決策だと思います。多くの都道府県ではそうした方向だとは思いますが、いまだにそれができていないところも多いように感じます。

また熊本市では、働き方改革のプログラムをつくっているプロジェクトチームに、教頭の業務改善についての部会もあります。そこで教頭先生の意見も反映させながら議論し、業務改善に向けたプログラムをつくったり、進捗状況を確認したりしています。

妹尾：事務処理の負担についてはいかがでしょうか。

遠藤：教育委員会と書類のやりとりをするなどの事務処理も、本来は教頭という管理職の仕事ではありません。役所なら課長などの管理職ではなく、各担当者が他部署とのやり取りをしていますよね。そのような、事務局的な機能が日本の学校には薄すぎるので、事務体制を強化することは教頭業務の改善の一つの方向性だと思います。学校事務をはじめとして、教員以外の事務局体制、それぞれの業務のスタッフを充実させるということが必要です。

お悩み

働き方改革、もっと文科省から呼びかけてほしいです

妹尾：文科省から保護者や地域に呼びかけてほしいというお悩みについて、遠藤さんだったらどう答えますか。

保護者・地域への発信は、教育委員会の役割

遠藤：保護者や地域に呼びかけるのは、文科省の仕

事ではなく、学校の設置者である教育委員会の仕事ですから、教育委員会の責任でやりますし、熊本市ではやっているつもりです。学校が地域や保護者に「これはやりません」と言いにくいのはわかります。ですから、教育委員会の責任で「これは学校の仕事ではありません」ということを十分に言うことが必要です。このお悩みのように「文科省から呼びかけてほしい」というのは、教育委員会が学校から頼りにされていないということなんでしょうね。

妹尾：こういう声は学校からよく聞きます。

遠藤：私としては残念です。このお悩みには、「それは教育委員会の仕事です」というのが、私のお答えしたいことですね。

妹尾：もちろん、校長や教職員が保護者向けにガイダンスや懇談会をしたり、学校だよりを発行したりするなど、学校でできることもあります。ただ、各学校共通で取り組むことは教育委員会から伝えればいいし、そういう応援があったほうが学校も言いやすいというのもありますよね。

遠藤：まさに妹尾さんが言われたように、各学校で共通すること、たとえば「熊本市では学校閉庁日というものがありますよ」とか、「電話対応は何時から何時でそれ以外の時間は電話は自動音声になります」などということについては、学校ではなく教育長や教育委員会名で保護者にお知らせしています。

一方で、先ほど話が出た「給食指導は教員の業務から外して代わりの人を配置します」というようなことは、やはり文科省の仕事だと思います。設置者の役割と、全国的な学校教育制度についての役割は、学校現場からすれば区別はつきにくいかもしれません。また、政令市ではない市町村にとってみれば、自分たちがどこまで勝手に決められるのかというのもわからない部分があるかもしれませんね。

妹尾：とはいえ、文科省に言うべきところと、設置者でやるべきところというのはちゃんと分けて考えた方がいいということですね。

遠藤：そうですね。基本的には設置者の責任で行いますが、お金や法律にかかわる制度の問題は文科省にしてもらう必要がありますからね。

保護者や教職員への情報発信の方法

妹尾：保護者や地域への教育委員会からの情報発信は、具体的にどのようにされていますか。

遠藤：TwitterやFacebookをよく見ています、などの声はけっこう聞きますが、情報発信の手段は、時と場合によります。たとえば新型コロナによる臨時休業のときは、やはりSNSがいちばん早かったので、積極的に活用していました。でも、人によって何を見ているかは違いますよね。新聞やテレビの方もいれば、ホームページあるいはTwitterしか見ていない人もいます。これは保護者だけでなく、教職員でもそうなんです。学校に何度も伝えているのに全然知らなくて、教育長のTwitterで初めて知るという層も一定数います。ですから、いろんな手段で情報伝達していくということが大事だと思います。

働き方改革のプログラムも、もう5年くらいやっているのにまだ知らないという教職員も1割くらいいて、どうやっても情報が伝わらない人たちがいることを実感しています。自分たちが当事者だと思わない限り、関係ない情報は見えないし聞こえないんです。ですから、自分たちもかかわっているのだということを実感し、当事者意識をもってもらうためには、たとえば最初にアンケートを取るなど、自分たちの意見を反映させられるような仕組みをつくったうえで、こうしたから今後はこれでいきましょうと伝えるなどの工夫が必要です。

学校の「指示待ち」「横並び」意識を変えるには

妹尾：一方で、校長や教頭、教員の方が、文科省や教育委員会頼み、指示待ちモードになっていて、教育委員会なり文科省から言ってくれれば早いのに、というような声もよく聞きます。子どもたちには「主体性」とか「エージェンシー」が必要と言っているのに、教職員集団が自分たちで問題解決することにあまり積極的ではない学校も一部にはあるように思いますが、そのあたりはどう見ておられますか。

遠藤：確かに、指示待ち、横並びの意識が見られるところはあります。厳しく言えば、自分だけで責任を取る覚悟がないということでしょう。ただ、現状そうなのが一夜にして変わるなどということはないので、やる気がある学校がちゃんと応援してもらえる、評価してもらえるような仕組みにしていけばいいのではないでしょうか。

たとえば熊本市では、学校への自販機の設置を始めたのですが、その自販機の収入が学校に入るようにしました。最初は、自販機なんか面倒だしいらないとみんな言っていましたが、収入になりますよと言ったら、じゃあやりますという学校も出てきました。自販機を設置した学校は自分たちでお金を稼いで、それを使うことができるという仕組みをつくったことが、やる気を出すことにつながりました。ただ鼓舞するのではなく、やる気のあるところが実際に報われる仕組み、環境をつくる。そういうことが必要なのではないでしょうか。精神論だけでは何も変わらないので、やる気があるところからよい取り組みが広がっていくようにするということですね。

教育委員会と学校との信頼関係を築くには

妹尾：先ほど、教育委員会が信頼されていない可能性についてお話しいただきましたが、たとえば全国学力・学習状況調査の結果をとても気にする地域などで、画一的な指導方法を強制されているように感じて、教育委員会がやっていることは現場の邪魔をしているばかりだと思っているような教員もけっこういるようです。教育委員会と学校との信頼関係を築くために、遠藤さんが意識されていることにはどんなことがありますか。

遠藤：コミュニケーションの回数や経路を増やすということに尽きるのではないでしょうか。熊本市でも教育委員会のいろいろな課が順番に学校訪問をしていますが、たとえば指導主事が授業を見に行く場合、ただ授業を見に行ってここがいいとか悪いとか言うのではなく、授業の計画段階からかかわって助言し、授業の後ではそのフィードバックをするというやり方も取り入れています。そうすることで、ただ上から押しつけてくるとは思われないようにしています。ほかにも、Teamsで教員と指導主事の教科ごとのグループをつくって情報交換なども盛んにやっています。

妹尾：指導する側、される側という関係ではなくということですね。

遠藤：もともと指導主事も学校にいたので顔見知りですからね。また、市としても管理職から新人まで、経験年数や職種に応じたさまざまな研修を用意しています。教育委員会から出向くもの、こちらに来てもらうもの、オンラインで行うものなどニーズに応じて形態もさまざまです。

さらに好評なのは教材作成です。教育センターが、学校からこういうデジタル教材がほしいなどの注文を受けてアプリをつくるとか、何年生のこの単元で使うこういうものがほしいなどの注文を受けて教材をつくるなどもしています。年間50個くらいのアプリや教材をオーダーメイドでつくって、それを全部教育センターのホームページに載せて公開しています。

妹尾：なるほど。教育委員会が、各学校現場ではできないことや、ちょっと助けてほしいことをよくキャッチしているということですね。

遠藤：ですから、ただ一方的に何かやるのではなく、ちゃんと役に立つ教育委員会だということを感じてもらうということが大切だと思います。

3 働き方改革、なんでも縮小、やめていいのか

お悩み

働き方改革で、さまざまな見直しをすることは大切ですが、自分の時間を削っていろいろな気づきや指導法を身につけてきた昭和世代としては、なんでも縮小、やめていいのかと不安です。若手の声を聞くと、「なんのために教師をしているんですか」と思うときもあります。私たちが崩してはいけないのは、人を人が育てているということ。そのためには、ともに行動し寄り添うなど、手間も時間もかかります。自分の見方を反省しつつ、取り組みたいと思うのですが……。

（九州、小学校、校長）

大切なことはどこにある？

「**面倒なことや泥臭いところに大切なことがある**」というのは、わたしもわかる気がします。「働き方改革」という、総論では誰もあまり反対しない大義名分のもと（各論ではいろいろな意見や抵抗があり

ますが）、大切なものをなくしていないだろうか、学校、教職員が弱くなっているところはないだろうか、と振り返る必要があると思います。

たとえば、ＩＴ企業などで最近よく行われているのは、１ｏｎ１ミーティングです（ヤフー株式会社での導入が有名）。上司と部下が1対1で、週1回もしくは月に数回、話をします。パーソナルな、なにげない会話から仕事上の悩み相談、アドバイスなど話題は幅広いようです。人事評価面談ではなく、育成のための仕組みです。

ＩＴ企業ですと、ビジネスチャットやグループウェア、メールなど、情報共有ツールはいろいろと使いこなしているかと思います。そんななか、あえて、アナログに見える方法を採り入れるのは、それぞれのよさがあるからでしょう。

サイボウズ株式会社では、職場でザツダンタイムを設けていると聞きました。それだけコミュニケーションを大切にしているのですね（本書１８５頁の対談も参照）。

１ｏｎ１ミーティングは上司の時間を奪い過ぎるなど、いいことばかりではありませんし、学校で導入したほうがよいかどうかは、現時点ではよくわかりません。ただ、お伝えしたいのは、**多少時間や手間がかかっても、大切なことには投資する**という考え方です。

働き方改革はカット、カットか？

話を学校に戻すと、「働き方改革＝時短」と捉えるのは、わたしには違和感があります。ビルド&ビルドではなく、引き算の発想は大事だと思っていますが、なんでもカット、カットではないはずです。関連して、在校等時間の上限を超えないようにしよう、という手段が目的化していくことも心配しています。在校等時間のモニタリングをしているのはなんのためなのか、そもそも、働き方改革はなんのためなのか、問われるところです。

働き方改革はなぜ必要か？

さまざまな背景、理由はありますが、働き方改革は、第一に、**教職員の健康を守るため**にあります。いくらやりがいがある、もっとがんばりたいと言っても、疲労を蓄積してしまう、あるいは睡眠不足が続くようではいけません。

この観点で考えると、過労死ラインを超えるほどの過重労働をしている先生が多い学校では、もっと時短を進めるべきことや、思い切ってやめていくことも少なくないのは確かです。

第二に、働き方改革には、**よりよい教育活動にしていく**というねらいもあります。不健康な状態ではいい授業になりません。一つ目と重なる点もありますが。

わたしが校内研修などでオススメしているのは、

①もっと力を入れていきたいこと、多少時間をかけてでも大切にしたいこと
②やめること、減らすこと
の両方のアイデアを出していくことです。①に時間とエネルギーをかけるためには、②も進めないとい

けないですよね。

今回のお悩みに引き寄せると、①の例としては「なんのために教師をしているんですか」ということについて、少しじっくり話を聴いてみる機会があってもいいかもしれません。

人それぞれでしょうが、たとえば、自分が小学生のときの先生がすごくよかった、という理由なら、そんな先生に近づくためにどんな行動が必要か、考えられるといいですよね。

また、①の例としては授業改善や授業準備も思い浮かびます。ただし、健康を守るという趣旨からも、一定の時間でがんばる発想も大切だと思います。昭和世代のよさを引き継ぎつつ、アップデートするところはしていきたいですね。

ポイント解説1 Why & How 働き方改革

読者のみなさんの学校（勤務校やよく知る学校）での働き方改革、業務改善は進んでいますか？

「早く帰りましょう」という呼びかけはよく聞くようになった、月に一回ノー残業デーを設けています、夜間は留守番電話設定になりました。こうした話はよく聞くようになりました。

でも、これらだけで十分な効果はありましたか？　先生たちのゆとりある毎日は取り戻せたでしょうか？

おそらく多くの学校での答えはNOでしょう。新型コロナの影響もあって、むしろ、学校の業務は増えています。

また、コロナ前からもそうだったと思いますが、多くの学校ではともかく目の前のことが忙し過ぎます。「○○ちゃんが教室から飛び出しました」、「保護者からクレームに発展しそうな電話相談がありました」、「今日集めたノートを点検しなくちゃ」、「明日の授業準備どうしよう」などです。**緊急性の高いことに1日の時間はあっというまに埋められて、働き方を見直す動きはどんどん後回しになりがち**です。

こうした学校の実情に共感しつつも、何が必要か。少なくとも、3つのポイントがあると思います。

①Why働き方改革を教職員で十二分に共有する。
②多忙の内訳を見て、メスを入れるべきところに取り組む。
③試行してみて、取り組んでよかったという実感を積む。

ひとつひとつ、少し説明しますね。

①Why働き方改革を教職員で十二分に共有する。

3のお悩み相談でも書きましたが、**「働き方改革ってなんのためだっけ?」というところがピンときていないと、エンジンはかかりませんし、優先度は低いままに**なってしまいます。

図表１－１　長時間労働の影響（忙しい日々を放置しておけない理由）

１．教師の健康への影響
●教師の過労死が相次いでいる。
●精神疾患者も年１万人超（１ヵ月以上病休取得者、休職者）。

２．教育への影響（児童生徒への影響）
●心身が疲弊してよい授業にはならない。
●AI（人工知能）等が便利になる時代、教師がクリエイティブに深く思考する時間がなくては、子どもたちの思考力や創造性が高まる教育活動にならない。

３．人材獲得への影響
●ワークライフバランス度外視な職場のままでは優秀な人は来ない。
●すでに人材獲得競争の時代。

出所）妹尾昌俊『こうすれば、学校は変わる！――「忙しいのは当たり前」への挑戦』（教育開発研究所、2019年）をもとに作成（一部加筆修正）

「忙しいのは当たり前、仕方がないよね」という気持ちに先生方がなっている学校も少なくないかもしれませんが、今の長時間労働を放置できない理由は、少なくとも3点あります（**図表1－1**）。

なぜ、働き方改革が必要なのかも、この3点が関係します。一つ目と照らすなら、健康のため、もっと言えば、**先生たちの命を守るために**、働き方改革を進める必要があります。教師の過労死等があとを絶たない、悲し過ぎる現実があります。命・健康を守るという意味から、働き方改革の優先順位を個々の教職員の中でも、また学校という組織としても、上げてほしいと思います。

二つ目と関係づけるなら、よりよい授業、クリエイティブで深く考えられる学びを学校のなかでつくっていくためです。そのために、ある程度、先生たちにゆとりや学ぶ時間を取り戻す必要があります。

三つ目について言えば、人材獲得のためです。

育児や介護、あるいは平日夜や週末は遊びに行きたいなど、さまざまな事情や価値観をもつ人にとっても、働き続けやすい魅力的な職場にしていく必要があります。

つまり、ここに逆説的な真実があります。日本の先生の多くは、子どもたちのために一生懸命、長時間勤務までしてがんばっています。しかし、それは結果的には、先ほどの3つの理由から、**子どもたちのためにならない**可能性も高いのです。

中教審答申でも次の一節があります（7頁）。この箇所は最も重要です。

> **'子供のためであればどんな長時間勤務も良しとする' という働き方は、**教師という職の崇高な使命感から生まれるものであるが、その中で教師が疲弊していくのであれば、**それは '子供のため' にはならない。**
>
> 教師のこれまでの働き方を見直し、教師が我が国の学校教育の蓄積と向かい合って自らの**授業を磨くとともに日々の生活の質や教職人生を豊かにする**ことで、自らの人間性や創造性を高め、子供たちに対して効果的な教育活動を行うことができるようになることが学校における働き方改革の目的であり、そのことを常に原点としながら改革を進めていく必要がある。

②多忙の内訳を見て、メスを入れるべきところに取り組む。

妹尾は研修会などで、先生たちに「**なににどのくらいの時間を使ったか、24時間のおおよその内訳を記録してみてください**」とよく申し上げています（写真）。たとえば、学校外の時間で言うと、

・睡眠
・食事、風呂、トイレなどの生理的に必要な時間
・洗濯、掃除などの家事
・育児、介護
・趣味、娯楽
・家族や友人と過ごす時間

といった具合に。

学校の中の時間では、

・授業
・授業準備、教材研究
・採点、添削、成績処理
・学校行事の準備
・学級運営、学年運営（学活、学級通信等）
・校務分掌などの事務作業
・会議、打ち合わせ

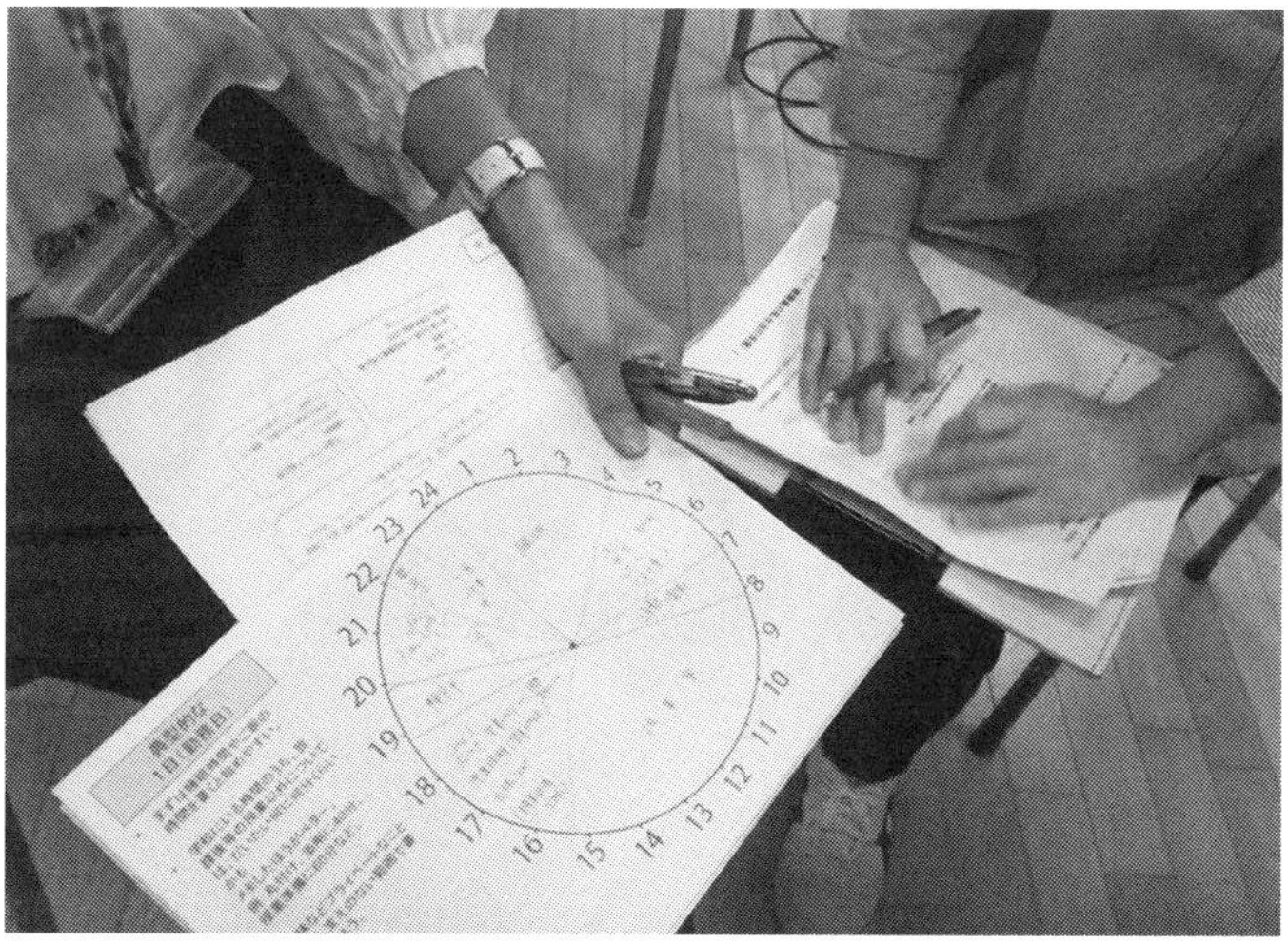

■写真　典型的な１日（勤務日）の内訳を書き出してみる

・児童生徒との相談、ケア
・保護者との相談、ケア
・部活動
・研修
などです。

時間の〝家計簿〟をつけるんですね。ちょっと面倒ですが、1週間くらい試してみてください。これをやると、おそらくみなさんの予想をいい意味で裏切ります。「え～、これにこんなに時間を使っていたかな」という気づきがあると思います。意外と採点関連や学級通信などにかなりの時間を使っている人も多いのではないでしょうか。

先生たちは「忙しい、忙しい」と言うわりには、何にどのくらい忙しいのか、しっかりデータで示すことができる人は少ないです。「なんとなく、事務作業が負担だな」などは言えるのですが。内訳がわからないのに、どうして、どこを改善したらよいかがわかるでしょうか。

また、こうした振り返りにあわせて、「ほんとはもっとどうしたかったのか」についても考えるといいです。たとえば、もっと育児の時間を取りたいとか、趣味をもうちょっと楽しみたい、週末はデートに行きたかったな、など。そうすると、働き方を見直す必要を感じると思います。

さて、ワークログとも言いますが、こうした振り返りと改善策の立案・実行は、個々人でもできますが、学校や学年といったチームでできるとベターです。個々の先生たちの意識改革や取り組みだけでは

図表1－2　妹尾のワークログと振り返りのノート例

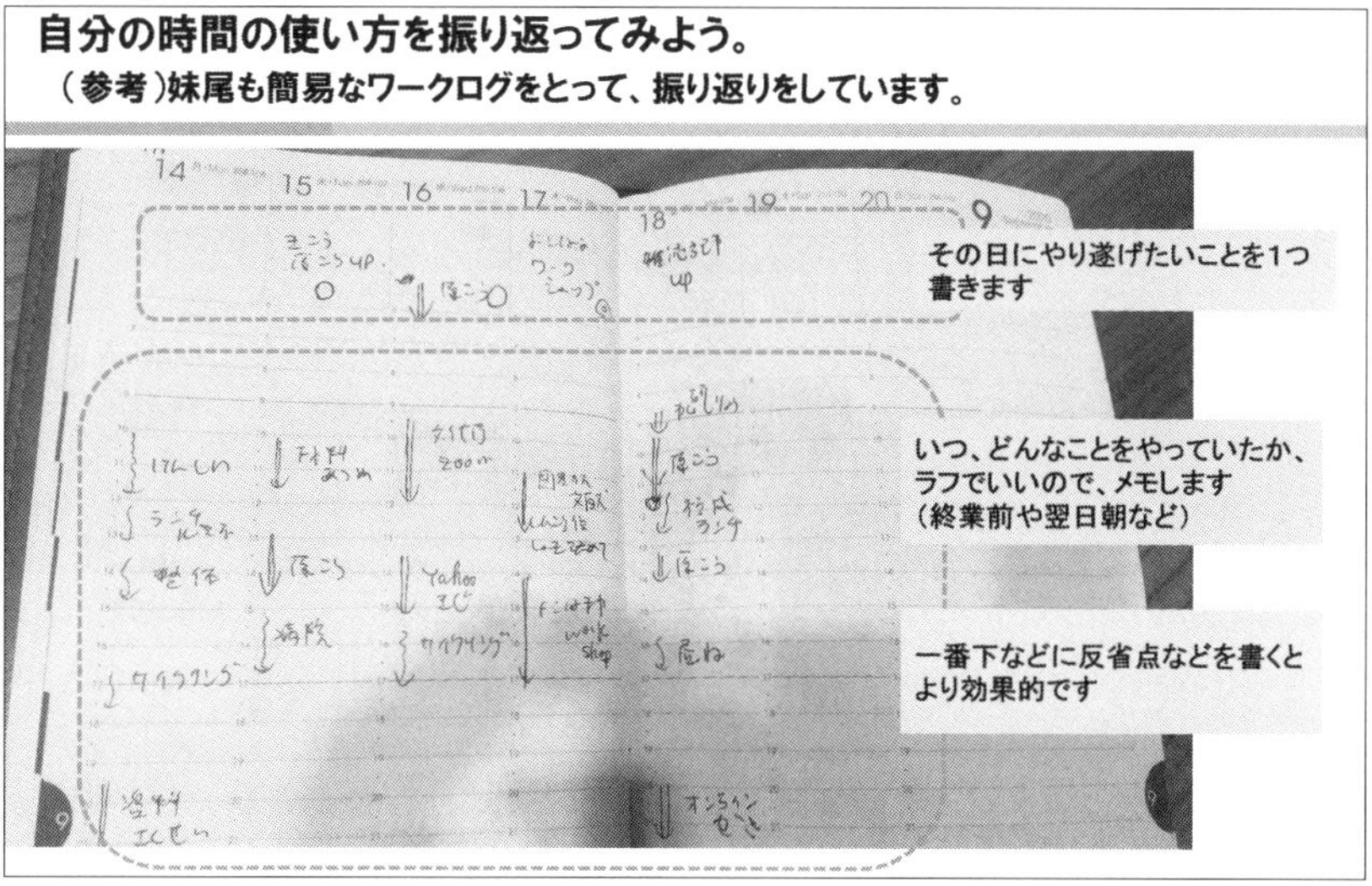
自分の時間の使い方を振り返ってみよう。
（参考）妹尾も簡易なワークログをとって、振り返りをしています。
その日にやり遂げたいことを1つ書きます
いつ、どんなことをやっていたか、ラフでいいので、メモします（終業前や翌日朝など）
一番下などに反省点などを書くとより効果的です

限界がありますから。たとえば、校務分掌の進め方や分担を見直したり、学校行事の精選や準備時間の短縮を行ったりするのは、チームとしての取り組みですよね。

③試行してみて、取り組んでよかったという実感を積む。

最後に、実際になにか取り組んでみる、やってみることをオススメします。いくら分析をしても、検討会議などをしても、動き出さないと、なにも時間は生まれません。個人でできること、学校で組織的にできること、複数校や自治体内で合同で取り組むこと、教育委員会や国が支援するべきことなど、それぞれあります。文科省は、働き方改革はなにかひとつの取り組みでよいものではなく、「特効薬のない総力戦」だと言っています[*1]（総力戦という言葉は、戦争での国民総動員と関係の深い用語なので、わたしは好きではありませんが）。

「もっと人手が増えないと無理だ」とおっしゃりたい教育関係者もたくさんいることでしょう。たしかに、教員定数の決め方や教員以外のスタッフが少ないことなどは、制度や環境の問題も大きいです。しかし、財務省は「人をくれ、くれ言う前に、もっと業務量を削減するなど、各学校や教育委員会でできることがあるでしょ」ということを主張しています。[*2] これも一理あると思います。

わたしの主観で印象論かもしれませんが、学校の先生方を見ていてときどき感じるのは、自分たちで問題解決をやってみたという体験、経験値が少ないことです。みなさんの職場はいかがでしょうか？

おそらく、学級づくりなども一緒で、子どもたちが自分で何かやってみて、リーダーシップを発揮してみて、それで何かが動いた、変わったという実感をもてると、子どもたちの自己効力感や肯定感は高まります。またチャレンジしてみようとなります。先生たちにも、**働き方改革や業務改善をやってみて、よかったと思える体験、小さなものからでも成功体験が必要**ではないでしょうか。

＊1　たとえば、第２００回国会、衆議院、文部科学委員会での萩生田文科相（当時）の答弁（２０１９年10月23日）、文部科学省「学校における働き方改革推進本部（第5回）資料」（２０２１年8月27日）。

＊2　たとえば、財政制度等審議会での財務省の資料（２０２１年4月21日）では、「教員の負担感は、事務作業や要望対応、部活動などに起因するところが大きい」と記載。これらの見直しを行うことが教員増よりも先決、という考え方です。

Chapter 2

生徒の在校時間が教職員の勤務時間からはみ出してます

1　生徒在校中に業務を効率的に行う工夫はありますか？

お悩み

教員の勤務時間は生徒が在校する時間とほぼ重なるため、どうしても勤務時間は生徒対応になり、生徒帰宅後に残務を処理することが多くなります。生徒在校中に業務を効率的に行う工夫はありますか？

（北海道、高校、副校長）

根本の問題は、勤務時間からはみ出していることだが

さっそく、ご質問について検討してまいりましょう。

重要な話ですよね。日本の学校が長時間勤務になりやすいのは、児童生徒の在校時間が、先生方の正規の勤務時間の枠外にはみ出している問題があるからですよね。この問題は中教審でも多少議論しましたが、踏み込み不足だったかもしれません。

通常の組織（企業や行政）では客が開店時間より前に来て、閉店時間の後も居座り続けているなんて、ありえないことです。海外の学校とも異なる「日本型学校教育」らしさなんでしょうか？

ですから、**「そもそも、はみ出したままでいいのか」という検討は、文科省や教育委員会でも、もっと真剣に対策を協議してほしい**と思いますし、各学校でもよく考えてほしいと思います。たとえば、早朝の勤務時間外の部活動や補習、質問対応などはやめましょう。先生たちがお子さんを幼稚園や保育園に送れなくなりますし、児童生徒の睡眠不足を誘発しますし。

次に、こちらのご質問の趣旨としては、どうやって業務の効率化を図るかですね。

まずは、診断をしてほしいと思います。どこか1週間でも、毎日各自が何時から何時までにどのような業務に従事していて、どのくらいかかったのか。反省点はなかったのか、1日の最後に簡単でいいのでメモをとってみましょう（ポイント解説1も参照）。

診断がないと、どこにメスを入れるべきか、どこをどう効率化するべきかは見えてきませんから。ご質問の高校の先生であれば、授業のない空きコマの際、何に時間がかかっていますか？　たとえば、授業用のプリントづくりであれば、本当に必要な教材ですか、細かいところに凝りすぎていませんか、イチから独自作成ではなく他の方法もありませんかなど、見直せそうなポイントはあります。

「やるのが当たり前」を疑え

次に、「やって当たり前」「こなすのが当然」という思い込みをいったん脇に置いて、多忙の原因となっている業務について見つめ直してみましょう。

たとえば、生徒のノートや提出物を点検してコメントを返すのは、いい実践かもしれませんが、そのこともあって毎日遅くまでかかる、授業準備がちょっと頼りないということでしたら、考えものですよね。生徒の提出物等は読むが、コメントまでは書かない。その代わり、よい出来のものや伸びた生徒のことは授業や学活のときに口頭で褒める、フィードバックするなどの実践でもいいわけです。

別の例としては、ある中学校と高校ですが、下校指導と称して、下校時間中に地域の見回りまで先生たちがしていました。かつて荒れていた学校だからとか、以前地域からクレームがあったからなど、個々に事情はあるでしょうが、それは本当に必要でしょうか？　学校外のことに学校が責任を持とうとする姿勢は考えものです。

このように、**多忙の内訳・要因を可視化したうえで「本当に必要かな」「減らせないかな」などを分析・検討していく**ことが必要です。

気軽に同僚に聞ける職場ですか？

おそらくかなりの学校は、校内の分担と協業（協力）をもっと進めていく必要があります。たとえば、若手の先生が慣れない分掌業務で見通しも立てづらく、つい時間がかかるというケースは多々あることでしょう。よく知っている人に聞いたら早いというケースも。

ところが、忙しい人が多い職場や教職員間の関係が薄い職場だと、同僚を頼りにくいケースがあります。「自分のアタマで考えることは大事だが、ある程度考えてもわからないことは人に聞こう」という職場の雰囲気をつくることも、管理職の役割として重要だと思います。

企業のナレッジマネジメントなどでも**「ノウハウ（Know How）」よりも「Know Who」のほうが大事**なときもあると言われます。つまり、一人があらゆることに知識や専門性を持つことはむずかしいので、この人に聞いたら、たぶん詳しいという人を知っていることが効果的です。

また、業務の進め方が属人的で「しくみ」が足りない可能性もあります。仕事が遅いのはその人のせいだ、とみなす前に、誰がやってもある程度はできるようにする工夫や体制が足りていないかもしれない、と考えることが必要です。

全集中の呼吸！

最後に、**勤務時間中にその業務になかなか集中できないので、時間がかかる**というケースも多々あると思います。とくに、教頭職などは。マンガ『鬼滅の刃』（吾峠呼世晴、集英社）では「全集中の呼吸」ができないと強くなれません、というのと似ているような。

ある会社では、話しかけやすい職場づくりを心がけると同時に、業務に集中したいときは専用のデスクに向かい、話しかけないでください、というモードになる（カーテンで仕切られていたりする）ところもあります。
また、保護者や教育委員会にお願いして、勤務時間中でもこの時間帯は緊急以外の電話はお控えください、という時間を設定してもいいと思います。電話で途切れた集中力を戻すのは苦労します。いかがでしょうか。やっていけることは、けっこうあるのではないでしょうか。

2 部活の地域移行、ほんとうに進みますか？

お悩み

部活動の外部化・地域移行を進めるにあたり、学校が考えるべきこと、地域が考えるべきこと、家庭が考えるべきこと、役所や政治家が考えるべきことはそれぞれ何でしょうか？　はたして外部化は実現できるのでしょうか……。

（近畿、中学校、教諭）

※本稿では、学校部活動を地域の団体や企業、ＮＰＯ等の主体にしていくことを地域移行と呼ぶことにします。

まず、なんのためかを確認、共有

「はたして外部化は実現できるのでしょうか」というところは、おそらく全国各地の大勢の先生たちが感じていることではないでしょうか。

文科省は、休日の部活動を2023年度から段階的に地域移行していく方針です（2020年9月発表）。まずは、せめて休日からでも、という発想だと推測しますが、2019年12月の給特法の改正時における国会の附帯決議でも、地域移行を「早期に実現すること」と述べられています。

スポーツ庁と文化庁の有識者会議などでも地域移行の提言が出ていますし、経産省では「地域×スポーツクラブ産業研究会」において、たいへん意欲的な提言が出ています。

とはいえ、簡単な話ではないことは誰にとっても明らかです。

そもそも、部活動の地域移行はなんのためでしょうか。

第一に、教員の負担軽減が大きいのは言うまでもありません。関連して、教員がプライベートを過度に犠牲にせざるを得ない働き方では、人材確保の点でも、教員人気の点でもマイナスです（部活大好きで教師をめざす人もいますが、そういう方は兼職・兼業できる方向です）。

しかし、それだけではありません。第二に、生徒にとっても、専門性と指導力のある人にみてもらったほうがよいのではないか、という点があります。

第三に、現行の部活動は、民業圧迫であるという視点もあります。休日の部活動には多少の手当がついているとはいえ少額です。東北大学の青木栄一教授は、スポーツ庁の会議で、試算したところ、「教員の平均の時給換算2、５００円を休日1日の日本全国の中学校の部活動に当てはめ」ると、（年間50週やるとして）「５００億円のマーケットが今は無償労働で展開されているようにも見え」ると指摘しています。[*3]

第四に、地域で子どもたちを育てていく視点です。学校丸抱え体制を是正するということですね。

冒頭のご質問に戻ると、まずはこうした**理念、なんのためかという点を関係者がしっかり議論して確認、共有することが必要**だと思います。そうしないと、スタート地点がバラバラになり、議論や対話になりにくいです。

人がいない、お金が足りないという問題をどうするか

次に、地域移行に向けて検討するべき点は多々あります。大きな問題は、人がいない問題とお金の問題ですよね。人がいない問題とは、一日中大会等につき合ってくれるような人材、あるいは平日の夕方面倒をみてくれるような人は、そう大勢はいないということ。受け皿の問題です。

お金の問題とは、現在の部活動を民間委託などすると、莫大な予算がかかるということです。受益者負担とする場合、家庭の賛同をどう得ていくのかということも問題ですし、困窮家庭への支援策を講じていく予算も必要となります。

いずれにせよ、今の中学校や高校の大きな部活動のまま、地域にスライドするのは困難でしょう。**部**

活動の数を減らす、活動頻度を減らす（休養日を現行より増やす、大会等は精選する）という縮小をある程度進めないと、人がいない問題とお金の問題をクリアーできないのではないでしょうか。

たとえば、多くの部活動は同好会的なものにして、大会等には出ない。大会等をめざすのは民間の教室やクラブチームなどで習い事に近いものにしていくといったことは、もちろん功罪はありますが、ひとつの案かと思います。

現在も水泳などはこれに近いのではないでしょうか。また、身近なモデルは小学校です。小学生向けは地域スポーツや習い事が大半ですし、週一程度のものも多いのではないでしょうか。

地域移行の実現にはさまざまな高いハードルがありますが、ご質問に戻ると、国や自治体（教育委員会）の役割のひとつは、地域移行の道筋を描くことだと思います。

各学校でできることとしては、少子化のなか、また部活動顧問をしたくないという先生もいるなか、今の部活動の数や活動頻度でいいのか、見直すことです。

そんなに面倒で痛みを伴うこと（残念がる生徒も多いことでしょう）なら、地域移行なんてやらなくていい、と考えるのもひとつの考えです。ですが、進むも進まないも、バラ色の方策などないと思います。ご質問いただいた方や読者のみなさんは、どうお考えになりますか？

＊3　出所）スポーツ庁「運動部活動の地域移行に関する検討会議（第2回）議事録」2021年12月2日、https://www.mext.go.jp/sports/b_menu/shingi/035_index/gijiroku/jsa_00003.html、〈参考：青木栄一「教員の勤務実態からみた部活動」同会議ヒアリング資料〉

ポイント解説２

勤務時間をはみ出す教育活動

日本型学校教育の功罪

日本中の学校で**教職員の勤務時間をいわば無視した仕事の仕方、教育サービスの拡大が起きています。**いまに始まったことではないとはいえ、考えものです。

小学校や特別支援学校などであれば、勤務時間前に児童らを迎え、教室などでやりとりしたり、健康確認（健康観察）をしたりします。何か事故やトラブルがあったら、学校の責任となりかねません。

中学校や高校では、朝から補習や部活動があるところも一部にあります。九州の高校では「朝課外」、「ゼロ時限目」と呼ばれる補習がかなり行われています。体裁上は任意参加と言いつつも、実質強制参加に近く、通常の授業を進めるという例もあります。保護者負担で運営している例が多いようです（通常の授業料とは別で、教員は兼業届を出します）。

夕方以降は、部活動が典型ですが、教職員の勤務時間などお構いなしで運営されています。高校などでは進路指導のための個別指導・ケア（志望理由書の書き方、面接の練習など）を勤務時間外に行っている先生も少なくありません。

こうしたことで、早朝の時点で時間外勤務が1時間前後発生し、夕方以降に1~2時間業務がはみ出しているという先生は少なくありません。仮に1日平均2時間半の時間外勤務がある場合、月当たり50時間あまりの残業です。これらの業務に加えて、授業準備や校務分掌の事務などもありますから、過労死ラインと呼ばれる月80時間を超えてしまう人も少なくありません。

日本の教員は米国などとちがって、授業をしておけばよいというものではなく、授業以外での児童生徒の教育やケアを幅広く手がけています。「全人的な教育」が「日本型学校教育」の特徴であり、そこにはよさもある[*4]わけですが、教職員の過酷な勤務と献身性に支えられ過ぎている実態があります。

多職分業は可能か

つまり、児童生徒の在校時間が教職員の勤務時間（ほとんどの場合、各自治体の条例で正規職の場合7時間45分です）が合っていないのです。ここにメスを入れることなく、働き方改革などと言っても、当人たちにとっては「ウソやん」という反応になりますよね。

まず**早朝については、対応をやめることができないか、検討していく**べきです。ある公立小学校では、

＊4　学校の働き方改革に関する中教審答申（2019年1月）では、注釈の中で、以下の言及があります。
「我が国の教師は、学習指導のみならず、生徒指導等の面でも主要な役割を担い、様々な場面を通じて、児童生徒の状況を総合的に把握して指導を行っている。このような児童生徒の『全人格的』な完成を目指す教育を実施する『日本型学校教育』の取組は、国際的に見ても高く評価されている。」

教職員の勤務時間開始に合わせた8時15分から児童に登校してもらうよう、再三保護者に呼びかけて、なんとか実現しています。働きに出る保護者も多いなかで、小さい子を一人で家に置いていけないという保護者の気持ち、事情もあるのですが、だからといって、教員の見守りを事実上強要するのも考えものです。

早朝の部活動や補習は、やめる動きも出ています。朝課外の話をしましたが、生徒の睡眠時間など生活時間の確保、また教員の負担軽減などの観点からもやめる高校も出てきています。ただし、朝課外をやめる代わりに、7時間目まで授業を詰め込んだり、放課後補習を増やしたりしては、抜本的な解決にはなりませんが。

やめるのがむずかしい場合は、縮小やアウトソーシング、役割分担の見直しなどを検討していく必要があります。

神奈川県大磯町の公立小学校では、朝の学童（放課後子どもクラブ）を開設しています。保護者が送りに来ないといけないという不便さはあるものの、朝7時15分から8時30分まで預かってくれます。

妹尾個人の見立てとしては、学童保育や放課後子どもクラブの朝版をつくる、広げるという選択肢のほか、教室に登校してきた児童を教員以外の有償のスタッフで見守る体制をつくることも考えていくべきではないか、と思います。授業をやるわけではないですし、教員でなければならないわけではありません。

つまり、日本型学校教育はあまりにも教員、とりわけ担任の先生らに頼り切ったシステムでした。これを多職で分業していく方向に、国、自治体で舵を切るべきではないでしょうか。

部活動改革、やるか、やらないか、誰が決めるのか

さて、勤務時間から、はみ出している最たるものが部活動ですよね。

せめて休日からでも地域移行することを国は提言しています。しかし、そこには、2のお悩みで紹介したように幾重にもハードルがあります。

これだけ日本中で行われている部活動ですが、他の先進国を見ると、教員が担っている例はむしろ珍しいようです。日本型学校教育のよさとみるか、問題とみるか、評価が分かれるところです。

実は、**部活動をどうするかについて、文科省にはさしたる権限があるわけではありません。**法令や学習指導要領において、部活動は絶対やりなさいとは書いていません。ましてや、公立中学校ではサッカー部を置くべし、といったルールはどこにもありません。つまり、各学校でどのような部活動を設置・運営するのかは、設置者と校長の責任、権限です。

わたしが講演・研修などをすると校長先生などからよく寄せられる質問のひとつが、「部活動の地域移行は本当に進みますか?」というものですが、「進めるも進めないも、決めるのはあなたたちではないでしょうか」という話をします。

これまでは休日のみのわずかな手当で、大勢の教員の献身もあって、いわば、安上がりにスポーツや文化活動を提供できました。これを民間等に委託するとなると、莫大な費用がかかります。たとえば、

名古屋市では２０２０年から、小学校で行われていた部活動を民間企業に委託するようになりました。総額約14億円です[*5]（1年あたり）。中学校は小学校以上に多くの種類があり、活動時間も長いとなると、もっと予算がかかるでしょう。それほどの価値と時間、労力をかけてきたのが部活動であるわけです。

かといって、地域クラブ活動（部活動を地域移行したあとの活動）をすべて受益者負担、つまり保護者負担とすると、経済的に苦しい家庭では参加しづらくなってしまいます。そこは国や自治体が支援することが、スポーツ庁等の提言でも言及されています。

平日の地域移行も含めて、今後どうなっていくかは現時点では読めませんが、国や都道府県には、設置者や貧困家庭等への経済的な支援などの役割があります。また、地域移行したあとも、子どもたちにとって過度な負担とならないようにすることなどを、国と自治体のガイドラインなどで求めていく必要があると思います。

このように、国や自治体の役割も大きいものがありますが、具体的にどのような部活動を地域移行していくのか、しないのかなどを検討し、調整していくのは、各設置者と学校です。

＊5　令和4年度当初予算の概要（名古屋市教育委員会説明資料）6頁をもとに作成
https://www.city.nagoya.jp/kyoiku/cmsfiles/contents/0000149/149276/2nittei7.pdf

3 職員の犠牲の上に成り立つ修学旅行でいいんですか？

お悩み

修学旅行や野外活動など、宿泊を伴う行事では、超過した勤務時間について、勤務の割振りを行います。実際の勤務時間は、夜間の生徒対応もあり、計画上の勤務時間よりも大幅に多い現状があります。また、宿泊費も、県で1万2000円までと決められていますが、超過分については教師の個人負担となっています。無理のないように改善していきたいと思います。アドバイスをお願いします。

（中部、特別支援学校、部主事）

「自腹は当たり前」ではない

本件については、アドバイスというほどのことはできそうにありません。というのも、各学校で取り組むべきことというよりも、教育委員会の責任、役割が大きいと思うからです。

まず後段の自腹になっていることについて。School Voice Project の調査によると、修学旅行等の際の現地の食費、電話代、下見費用、入場料等が自己負担となっている例もかなりあるようです。[*6]

おそらく多くの民間では、ありえないことです。業務で行っていることなのに自己負担を求められるというのは、おかしいし、いかにもケチな話（懇親会などは業務なのかどうか微妙なので違うかもしれませんが）。実際、学校教育法上も**学校運営に要する費用は設置者負担主義が原則となっていますから（5条）、「自腹は当たり前」ではありません。**ただし、市町村立学校職員給与負担法により、市町村立学校の旅費は都道府県が負担することになっています（政令市を除く）。

都道府県のルールもかなりまちまちのようで、宿泊費の上限を定めている自治体もある一方で、ない自治体もあります。食費も常識の範囲内で実費支給としている自治体もあれば、上限を設定している例もあります（「中日新聞」2022年10月30日）。税金を適正に支出することはもちろん重要ですが、ホテル代などは場所や時期によっても高騰しますから、上限を定める合理性がどこまであるのかは、わたしはギモンに思います。

教員の健康と福祉に問題

お悩みの前段の勤務時間の事実上の超過も、大きな問題です。これも自治体によってルールはちがうようですが、深夜は勤務時間になっていない（割振りの対象となっていない）にもかかわらず、見守りや巡回、トラブルへの対応、児童生徒のトイレの手伝いなどで教職員は働いていることが多々ありますよね。今回質問をお寄せいただいた先生がお勤めの特別支援学校であれば、より手厚い支援が必要なケースもあることでしょう。

修学旅行中はほとんど寝られないという声はよく聞きます。超勤4項目に修学旅行等が入っているとはいえ、**無限定、無定量に働かせてよいわけではない**はずです。**給特法でも「教育職員の健康と福祉を害することとならないよう」**という注意書きがあります。

解決策は、次の3つしかないのでは、と思います（ほかにアイデアある方はぜひお便りください）。

選択肢①は、勤務の割振りのとおりの勤務時間で押し通すこと。もちろん、火事、地震などの緊急時の対応は別ですが、平常時の夜間の見守りなどはしない。わたしは、これまでの学校は手厚くやり過ぎている、過保護なのではないかと思うところもありますが、トラブルが発生したときの学校へのクレームや非難を恐れて、学校が過剰サービス気味となるのは、理解できなくはありません。とはいえ、保護者とも、ここまではやれるけれど、ここはできないという線引きをもう少し話していくべきではないでしょうか。

＊6　School Voice Project　WEBアンケートサイト「フキダシ」【教職員アンケート結果】修学旅行先では自腹で行動!? 旅行行事の教員負担調査、2022年7月29日　https://megaphone.school-voice-pj.org/2022/07/post-341/

選択肢②は、引率教員やスタッフを増やして、深夜の対応などは無理のないようにローテーションを組むこと。他学年は休みにしてでも教員を増やしたり、旅行会社等のヘルプを依頼したりする。

選択肢③は、修学旅行のあり方や日程を抜本的に見直すことです。教職員の健康を害するような旅程は組めない。修学旅行の廃止を含めて検討します。

自腹のことも勤務時間の問題も、これまでの修学旅行等は、校長先生や教職員の多大な自己犠牲の上に成り立つものだったのではないでしょうか。教育委員会も保護者も、そこに甘えてきた、と言えると思います。上記の①～③それぞれに難点やデメリットもありますが、このままの修学旅行等でよいのか、根本から見直す時期に来ていると思います。

4 残業時間の「見えない化」が起きています

お悩み

本県では、働き方改革を受けて、タブレットパソコンのオン・オフで在校時間を把握することになりました。しかし、申告される在校時間とは開きがある現状です。校内にいても、仕事をしていない時間は除くという建前になっているためです。超過勤務時間が45時間を超えると面倒だと感じて、そうしている人が多いと思います。この労働時間の「見えない化」は、非常に危険だと感じています。ぜひご助言をお願いします。

（中部、特別支援学校、部主事）

なにひとついいことのない、残業の「見えない化」

本当に憂慮するべきことですが、お悩みをお寄せいただいた方の学校だけでなく、全国各地で起きていることではないでしょうか。２０２２年に熊本県教職員組合が実施したアンケート調査（２３１１人が回答）によると、在校等時間を小・中学校教員の約41％が「正確に記録していない」と回答しています。[*7]また、内田良教授（名古屋大学）が２０２１年11月に調査したところ、公立小学校教員の15・９％、公立中学校教員の17・２％が「この２年ほどの間に、書類上の勤務時間数を少なく書き換えるように、求められたことがある」と回答しています。[*8]

なぜ、こういうことになるのでしょうか。理由はいろいろあると思いますが、ひとつは、この問題の深刻さを理解していない人が多いためです。また、働き方改革の目的、趣旨が十分に伝わっておらず、**見かけ上でも在校等時間を守りさえすればいい、という手段が目的化**した状態になっているのだと思います。

残業の「見えない化」の問題点として、少なくとも以下の３点を共有しておきたいと思います。

①働き方改革の形骸化、予算減少

勤務時間が過少で、一見したところ、学校が改善していると観察される場合、教育委員会や校長の多くは「少し前までは働き方改革とやかましく言われていたけれど、もうだいぶ進んだな」「自分たちの施策はそれなりに功を奏しているな」と安心してしまいます。おそらく関連予算も減らされていくでしょう。

②組織コンディションの悪化

実態が見えなくなった状態で、教育委員会などは多少安心してカラ元気なわけですから、教職員の多くは「あ〜、やっぱり学校で働き方を見直したり、改善したりするなんて、無理なんだ」と思って、職場ではあきらめムードが広がります。

また、学生ら教職をめざす人にとってもどう映るでしょうか。本当は時間外労働が多いのに、ないように扱ってしまっている職場で働きたいと思うでしょうか。

③教職員の健康被害

なんのために勤務実態をモニタリングしているかというと、それは、文部科学省や教育委員会が求めているからというよりは、**教職員の健康、もっといえば、命を守るため**です。

万が一、過重労働のために倒れてしまった、仕事が続けられなくなったというとき、過少申告した記録がベースとなりますから、適切な補償（公務災害認定）や支援を受けられなくなる可能性が出てきます。「あなたは体を壊して気の毒だけれども、それは仕事のせいじゃなくて、もともとの持病のせいか、不運だったのでしょう」ということにされてしまいます。

＊7　熊本県教職員組合「働きやすい職場づくり」アンケート結果
http://www.e-ktu.com/02doc/2022/hatarakiyasui-syokuba-ank2022-1.pdf

＊8　内田良「学校の業務に関する調査」調査報告　第1報（回答数、小学校教員４６６人、中学校教員４５８人）、２０２２年４月29日　https://drive.google.com/file/d/1kQfkao8O6e6GH4-rWFa7m7XEZxVGCQjm/view

体重計がくるっていては

わたしは、教職員向け研修などで、**タイムカード・ICカードなどは「ダイエットしたい人にとっての体重計みたいなもの」**とよく申し上げています。体重計にのるだけではダイエットになりません。運動や食事に気をつけたりすることが必要なのと同様に、勤務記録をつけるようになったからといって、ただちに負担軽減が進むわけではありません。

ですが、虚偽申告、過少申告というのは、体重計がおかしいということですから、話になりません。

どうしていけばよいでしょうか。

ひとつは、**衛生委員会や校内研修**などの場で、上記のように、残業の「見えない化」には問題が多いこと、また、働き方改革はそもそもなんのためだったかを振り返る機会を設けることです。そのうえで、45時間などの目標を達成できない場合であっても、正直に実態に即した記録をとることのほうが重要であることを確認します。

もうひとつは、主には教育委員会と学校管理職の役割となりますが、パソコンのログ（オン・オフ時間）や学校の入退館データをもとに、申告されている勤務時間との乖離が大きい場合、あるいは控除時間が不自然に長い場合、過少申告になっている可能性を疑い、個別に確認やケアを進めることです。勤務時間が長い人には、それなりに理由があるはずです。個人のせいや個人任せにせず、組織的に対処していく必要があります。

Chapter 3

反省もしない、
成長しようともしない
先生に
手を焼いています

1 自分のやり方を変えないベテランの先生をどうすれば

お悩み

自分の考え方、やり方を変えようとしない年配の経験豊富な先生がいます。そうした先生方の考え方をいかにして変えていくか、アップデートしていくかについて、悩んでいます。

（九州、小学校、教頭）

なるほど～。これはこの方だけでなく、読者の多くもお持ちの悩みではないでしょうか。しかも、お相手が教頭先生よりも年上だったりするわけですから、むずかしい問題ですよね。

企業でも「働かないおじさん」問題と言われるものがあります。年配の方で仕事のパフォーマンスはよくないのに、給料は高い社員を揶揄してそう呼ばれています。

ご質問いただいた小学校の場合では、経験豊富な先生も一生懸命働いてはいるのでしょうけれど、たとえば、子どもたちが萎縮してしまうような高圧的な学級づくりを進めたり、ICTなんてもうできません、とあきらめていたりしているのかもしれませんね。

もちろん、昔からのやり方のよさもあるでしょうし、長い経験が活きるシーンもあるのでしょうけれど、そうではない局面も増えてきています。子どもたちを前にして、まず教師が学び続ける人でいてほしいですよね。

このお悩みに近いものが高校の校長先生からも寄せられました。「勤務時間が短い教員の中には、いい加減な仕事ぶりで教材研究もほとんどしない教員も多い（例外もあるが）」というものです。いくら働き方改革が重要だと言っても、授業がテキトーでは困りますよね。

耳の痛いことを伝える

さて、具体的にはどうしたらいいでしょうか。ご質問にあったような先生は、人それぞれだとは思いますが、もう変わりっこないのでしょうか？

あきらめる前にいくつか試してほしいことがあります。

その1は、フィードバックです。中原淳『フィードバック入門』（PHP研究所、2017年）という本がわたしは好きです。フィードバックとは、「耳の痛いことを伝えて部下と職場を立て直す技術」

と書かれています。

たくさんのポイントが書かれていますが、2つ紹介しておきます。ひとつ目は、**SBI情報をよく観察して記録しておき、伝える**こと。SBIとは、Situation（どのような状況で、どんな状況のときに）、Behavior（部下のどんな振る舞い・行動が）、Impact（どんな影響をもたらしたのか。何がダメだったのか）の3点。この3点を具体的に伝えることが重要というわけです。

学校で言うと、「先生のクラス、最近少し落ち着きがないようですが（＝Impactだけ伝えている傾向）」「教育委員会から○○という連絡が来ていますので、先生もよく注意しておいてください（＝SBIがほとんどなく、伝えている）」といった程度では不十分です。

教頭先生や校長先生も忙しいとは思いますが、まずは授業をたまには観に行って、SBI情報を収集してください。

もうひとつのポイントは、「**リアルタイムフィードバック**」。つまり、気づいたことはお互いに忘れないうちにさっさと共有してしまえ、というわけです。半年に1回の30分の面談よりも、その日のうちや週1回の5分のほうが効果的なときも多そうです。

アップデートできていない先生は、今のままでいいやと思っているのかもしれませんが、やはりどんな先生でも、子どもたちの姿として、このままでいいのか突きつけられると、考えを多少は改めると思います。

できている姿をイメージさせる

とはいえ、問題点や課題を指摘されても、どうやったらいいか、何から進めたらよいかわからない状態では、なかなか変われないですよね。

さまざまな方法があるとは思いますが、お試しその2として、少しがんばればできるくらいの、授業実践を一緒に観に行くことなどもひとつかと思います。そこでもSBIを意識しながら、たとえば、「こういうICTの使い方をすると、子どもたちが活き活きしていますね」などと通訳してあげるといいかも。問題は多くの教頭職にそんなヒマがないということですね……。

研修の主担当や講師に据える

お試しその3は、学び続けていない先生をあえて、校外の講師を呼んでくる研修会などの主担当にしてしまうことです。

少々荒っぽい治療に見えるかもしれませんが、**アップデートできていない人を放置して子どもたちにマイナスの影響を与え続けることのほうが問題**ですよ。

研修会は、イチ参加者としてよりも、主担当のほうが話をしっかり聴きますよね？　あるいは事前にそのテーマをある程度は勉強しておかないといけないようにする。または、その先生に外部の研修会に行ってきてもらって、校内の講師になってください、とお願いするのもいいですね。

要するに、自分で学びの場を開くことは、学ぶことにつながるのです。

2 人事評価で2をつけたい教諭がいます

お悩み

人事評価で5段階の2をつけたい教諭がいるのですが、つければ教育委員会から管理職の指導力不足が問われ、多くの事実資料を求められます。ただ、授業を含め何もかも適当で自分勝手で、生徒に迎合し、あげくには校長の指導に従わず逆ギレ……。人事評価は教員のやる気を感化する制度ですが、指導に従わない教諭には活用できないのでしょうか。

（九州、中学校、教頭）

評価バイアスに注意

本当に大変ですね。校長に対しても逆ギレする始末ですし（この教諭のことをAさんと呼んでおきます）。

人事評価で2をつける、きちんとした理由があるならば、遠慮なくつけていいと思います。資料が求められるのは面倒ですが、苦情申し立てなどになったときにも根拠は問われますし。

ただし、注意したいこともあります。この文面を読むかぎりではAさんは困った人ですが、それはAさんの一面に過ぎないかもしれない、ということです。人事評価では「ハロー効果」に注意しなさい、ということがよく言われます。これは、ある目立ちやすい特徴に引きずられてしまって、他の特徴についての評価が歪められてしまうことを指します。たとえば、英語ができるというだけでその人をポジティブに評価し過ぎてしまうことなどです。

あるいは「Aさんはダメな人だ」という先入観、ステレオタイプができあがっているために、さまざまなことが悪く見えやすくなっている可能性もあります。

もっとも、質問してくださった教頭先生に見る目がない、と申し上げたいわけではありません。ですが、**管理職から見えている部分は一部に過ぎないし、一定のバイアスがかかるときもある**、というのも事実だと思います。

すでになさっているかもしれませんが、Aさんについて他の教職員が観察している事実や見立ても収集してみるとよいでしょう。そして、確かにAさんには改善するべき点が多々あるということであれば、その具体的な情報をフィードバックするとよいと思います（1のお悩みで紹介したフィードバックについても参照）。

問題は人事評価なのか？

実は、もともと人事評価というのは非常にやっかいなものです。成果を測定して、その成果に報いるという成果主義的な性格・目的もある一方で、人材育成（能力開発支援）の目的もあります。この両者を両立させることは非常に困難である、ということは国内外の研究で指摘されています（勝野正章・村上祐介編著『新訂　教育行政と学校経営』〈NHK出版、2020年〉第14章　教員の評価と職能成長、245〜258頁などを参照）。とりわけ教員の場合、成果を測定すること自体に困難さがありますし、処遇に響いてくるということであれば、被評価者は自分に不利な情報を隠そうとするときもあります。ですから、こう言ってはなんですが、人事評価制度はもともと限界があり、過度に期待を寄せるものではないのかもしれません。

そして、おそらく、この質問を寄せていただいた教頭先生の一番の悩みは、**2をつけるかどうかよりは、Aさんを立て直すことが非常にむずかしい、ということ**ではないでしょうか？　2をつけたところで、Aさんの仕事ぶりが変わらないようでは、あまり意味はないですから。

Aさんは、すでに聞く耳をもたない人である（あるいは校長先生、教頭先生と対話できる関係性ではなくなっている）可能性がありますから、悩ましいですよね。

特効薬があるとは思えませんが、Aさんに多少なりとも響くかもしれない情報をぶつけてみるしかないと思います。

ひとつは、先ほど述べた同僚の観察結果や評価です。授業研究で授業者になってもらうのもよいかもしれません。その程度では変わらなかった人かもしれませんが、評価に関係ない人から助言を受けられる機会は重視するべきだと思います。

もうひとつは、**生徒の声を拾う**ことです。ヒアリングでもいいですし、アンケートなどでもよいでしょう。授業がテキトーというのが事実であれば、一番不幸なのは生徒です。何パーセントの生徒がそう言っているといった数字もいいかもしれませんが、それよりも、「具体的にこういうところが困っている、と生徒は言っている」というほうが、おそらく耳に痛いのではないでしょうか。

また、Aさんはもともとなぜ先生になろうと思ったのか、そういう動機やこれまでの教師歴のストーリーを人事評価面談の場で聞き取ってみてはどうでしょうか。原点を思い起こすことが、今のテキトーな自分でいいのか、という省察につながるといいのですが。

ポイント解説3
フィードバックを取りに行く意味

フィードバックをもらいに行く

1と2のお悩みはかなり共通している部分があります。学校管理職からみて、ベテラン教員等の問題点が目に付く。改善点を指摘して、建て直すことはできるだろうか、という課題です。

教師という世界は、通常は授業や学級運営を一人でこなします。そのためか、授業などの仕事の進め方が自分なりのやり方、我流になりがちです。あるいは自分の経験で見聞きしたことや学んだことを過大評価しがちかもしれません。本に書いてあることや研究者が言っていることは、現場には合わないなどと早合点して、シャットアウトしてしまう人もいます。

個々の教員に裁量や自由度があるというのは、教職の魅力だし、専門職として重要なことでしょう。しかし、一方で、その我流の問題点を誰からも指摘されないまま、自分では気づかないまま、ずっと来てしまうということも起きるのではないでしょうか。

これはわたし自身にとっても耳の痛い話です。研修講師などをしていると、先生、先生と呼ばれて、いい気になりがちです。問題点などをわざわざ指摘してくれる人がそういるわけではありません。心地のよいことばかりに耳を傾けていないだろうか、と自省しなければ、と思います。

要するに、大人になると、そしてベテランになるほど、わざわざ叱ってくれる人は少なくなります。こうした状況下にある場合、助言や苦言、フィードバックをもらいに行くという姿勢が大事だと思います。わざわざ言ってくれるのを待つのではなく。わたしもまだまだ十分にできているわけではないので、偉そうに言うつもりはありませんが、学校の先生方も意識したほうがよいのでは、と思います。

耳の痛いことを伝えづらいままでいいか

校長、教頭の中には、教職員に対して、耳の痛いことを伝えることに遠慮がちな人もいますが、右記のように、大人になってからの学びについて、一度じっくり話をしてみてはいかがでしょうか。

管理職が怯むのには、それなりの理由があります。

ひとつは、パワハラやいじめと捉えられて、訴えられてはいけないということ。ですが、1のお悩みで述べたとおり、SBI情報をきちんと集めて、根拠のある苦言を呈するのであれば、それはパワハラにはならないはずです。

もうひとつは、ネガティブフィードバックをして、その教職員がへそを曲げたり、場合によっては休職になったりしてはたまらない、という恐れ、配慮からです。教員不足、講師不足が深刻な昨今であれば、なおさら、代えがききません。

ですが、これも、先ほどと同じで、伝える根拠がしっかりあり、伝え方を工夫すれば、ずいぶん変わるのではないでしょうか。

バイアスとの闘い、あるいは共存か

もっとも、これも自戒を込めて書きますが、校長や教頭が認識していることが、すべて妥当なこととは限りません。限られた、偏った情報でその人のことを判断、評価してしまっている可能性もあるからです。

心理学などの研究によると、**人は、さまざまなバイアス（偏った見方、考え方）に陥りがち**です。代表的なものをいくつかあげておきます。

●確証バイアス

自らの仮説、思い込みを支持する情報に注目し、否定する情報を無視しようとすること。とりわけ、仮説が物語風に語られる時に顕著になる。

●利用可能性ヒューリスティック

簡単に手に入る情報や、すぐに思い浮かぶ事象を、意思決定の材料として積極的に使う傾向のあること。ヒューリスティックとは、経験や知識をもとに、思考の近道をすることを指す。

●帰属の誤り

成功や失敗を個人の性格や資質、特徴のせいにして、そのときの状況や運が果たした役割を過小評価すること。

●後知恵バイアス

過去の決定の善し悪しを、事後的な情報や、実際の結果に基づいて判断、評価すること。

●ハロー効果

いくつかの顕著な特徴だけで、人や組織の全体の印象をもつと、その特徴とは本来無関係な事柄についても、その印象をもとに評価すること。

個々の名称は知らなくても、意味、定義を読むと、思い当たる節がある人も少なくないのではないでしょうか。わたしも「あー、やらかしてたな」と思うエピソードはいくつもあります。

こうしたバイアスのことを知っておくことは有益だと思いますが、知っていたとしても、万全とは言えません。人は、ついついそうなってしまうからです。著名な心理学者であっても失敗談があるくらいです。

バイアスと闘う、あるいはうまく共存するひとつの方法は、複数の目で見ることだと思います。2のお悩みで、ほかの教職員の声を聞いてみてほしいと述べたのは、そうした理由があります。

ぜひみなさんも校内外の研修等でバイアスについて知り、考える機会を設けてみてください。そこに自覚的な教職員が増えることで、教職員へのアドバイスや育成について、より多面的にアプローチしていけるようになるのではないでしょうか。

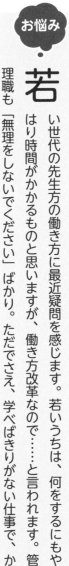

3 若手のうちから働き方改革というのもギモンです

お悩み

若い世代の先生方の働き方に最近疑問を感じます。若いうちは、何をするにもやはり時間がかかるものと思いますが、働き方改革なので……と言われます。管理職も「無理をしないでください」ばかり。ただでさえ、学べばきりがない仕事で、かつ、給料はやってもやらなくてももらえる世界。だからといって、若いうちから学ぶことをしない。どうアプローチしたらよいのか、悩んでいます。（関東、小学校、教諭）

ヌルい職場ではいけない

似た話は企業でもよく聞きます。働き方改革の動き、それから、すぐにパワハラなどと言われかねないために、管理職や先輩が若手に厳しいことを言えなくなってきているようです。学校でも、少しキツメに言ったところ、若い先生が泣き出してしまった、それ以降腫れものに触るかのように接しているといったケースをたまに聞きます。

主に企業組織等の研究をベースにしていますが、**図3－1**のように職場を2つの軸で4つのタイプに分けてみると、理解しやすいかと思います。

ひとつの軸は、心理的安全性が高いかどうかです。**心理的安全性とは対人関係におけるリスクをとっても安全だと信じられる職場環境かどうか**を指しますが、たとえば、率直に意見、アイデアが言える職場かどうかに関連します。あなたの学校は、職員会議などで異論を述べる教職員は〝ちょっと面倒くさい人〟と思われるようなことありませんか。もしくは、声の大きな人の発言ばかりが通るような職員室だったりしませんか。そうした職場は心理的安全性が低いと言えると思います。

もうひとつの軸の**業績基準**とは、学校ではとっつきにくいかもしれませんが、野心的な目標を設定し、協働しているチームかどうか、と捉えていいと思います。たとえば、いくら職員室の人間関

図表3－1　職場の4タイプ

	業績基準が低い	**業績基準が高い**
心理的安全性が高い	**ヌルい職場** コンフォートゾーンで満足してしまう。目標は低く、仕事の充実感は低い。 例：仲良しサークル	**学習する職場** 健全な衝突と高いパフォーマンスを重視し、学習して成長する職場。
心理的安全性が低い	**サムい職場** 余計なことをせず、自分の身を守る。言われた以上のことはしない。事なかれ主義。	**キツい職場** 不安と罰によるコントロールが幅をきかせる。 例：助けてくれる人はいないが、ノルマは高い営業チーム

出所）エイミー・C・エドモンドソン著、野津智子訳『恐れのない組織――「心理的安全性」が学習・イノベーション・成長をもたらす』（英治出版、2021年）44頁、石井遼介『心理的安全性のつくりかた』（日本能率協会マネジメントセンター、2020年）37頁をもとに一部加筆修正して作成

係がよかったとしても、「1人1台端末になったけれど、苦手な先生はまだ使わなくていいよね」という感じで目標やめざすものが低い場合は業績基準が低いです。

今回のお悩みに戻ると、こちらの学校は、4タイプで言うと「ヌルい職場」ないし「サムい職場」となっている可能性が高いです。もちろん、教職員の業績、成果というのは一意に決まるものではないし、客観的に評価できる部分はごく一部なので、たいへんむずかしいですが、若い先生の目線が低い可能性がありますね。

せっかく人事評価の面談を年2、3回貴重な時間を使ってやっているのに、管理職は何をしているのでしょうか。学年主任や管理職の役割としては、若手の授業や校務分掌などをみて、気になったところや成長してほしいところをなるべく具体的に指摘、フィードバックすることが重要となります。「あなたはもっと学んだほうがよい」「授業は大丈夫？」とだけ言われても、若手は何をどうしたらよいかわかりませんしね。

「若いうちは時間がかかって、しょうがない」は本当か

もうひとつ、今回のお悩みで気になるのは「若いうちは仕事に時間がかかるもの、仕方がない」という前提です。確かにそうだなと思う側面もあります。若いうちは経験が少ないので、見通しをもって段取りよく進めるのはむずかしいですし、もともと教員の仕事では、授業準備など、どこまでやっても終わりが見えづらいです。

とはいえ、「仕方がないよね」というあきらめモードな発想では、改善は進みません。**限られた時間でいい仕事をする**という働き方を若いうちから試行、トレーニングすることも必要ではないでしょうか。学校にばかりいないで、本を読んだり、セミナーに出たり、教育に関係しない活動をしたりすることが先生方の視野を広げ、学びにもなるわけですし。

また、たとえば分掌の引き継ぎ資料が親切でない、周りの先生も忙しそうで相談しにくいなどがあれば、それは若い先生のせいではなく、職場の問題です。そうしたことに組織的に取り組んでいくことも忘れないでほしいと思います。

ポイント解説4
努力大好き、生産性無視の教育現場と教育行政

「若いうちはがむしゃらに働け」は正しいか

今回の3のお悩みに関連して、「若い時の苦労は買ってでもしろ。一皮むける経験（自分を大きく成長させるターニングポイント）になる」という言葉、みなさんは聞いたことはありませんか？　わたし

は前職のシンクタンクにいたときによく聞きましたし、著名な企業経営者のなかにも、そう言う人はけっこういます。

確かに一生懸命やってみること、自分なりに試行錯誤してみる経験から学ぶことは多いと思います。しかし、こうした根性論には、少なくとも3つの問題、限界があることにも注意を払うべきだと思います。

第一に、健康を害してしまっては元も子もありません。実際、若い教員の過労死や過労自死が起きていますし、精神疾患による長期療養者は20代、30代で急増しています[*9]（**図表3－2**）。背景にはハードワークだけではない、さまざまなものが影響しているでしょうが、過重労働の中での睡眠不足なども影響していると考えられます。「若いうちには苦労を」という発想では、無理すること、させることを容易に正当化してしまうリスクがあります。

図表3－2　公立学校教員の1ヵ月以上の長期療養者数（休職者を含む）

（人）

		2016年度	2017年度	2018年度	2019年度	2020年度	2021年度	増加率（21年度／16年度）
20代	精神疾患	1,286	1,576	1,765	1,950	2,140	2,794	**1.66**
	精神疾患以外	776	852	806	832	884	954	1.14
30代	精神疾患	1,788	2,012	2,302	2,612	2,563	2,859	**1.43**
	精神疾患以外	2,126	2,019	2,126	2,037	2,062	2,281	0.97
40代	精神疾患	2,024	2,057	2,141	2,229	2,138	2,437	1.06
	精神疾患以外	1,909	1,893	1,757	1,667	1,574	1,580	0.82
50代以上	精神疾患	2,973	2,825	2,854	2,849	2,611	2,854	0.88
	精神疾患以外	3,917	3,962	3,933	3,848	3,574	3,722	0.91
計	精神疾患	8,071	8,470	9,062	9,640	9,452	10,944	1.17
	精神疾患以外	8,728	8,726	8,622	8,384	8,094	8,537	0.93

出所）文部科学省「公立学校教職員の人事行政状況調査」（令和３年度ほか）をもとに作成

第二に、**「生存バイアス（生存者バイアス）」**がかかっているという問題です。学校や教育委員会であれ、企業等であれ、トップや管理職にまで登っている人は、ハードワークを乗り越えられてきた人です。本人の努力や体力の影響もあったでしょうし、周囲の理解・協力（特に家事・育児をパートナーや親がかなり担ってきた等）もあったのでしょう。

しかし、生き残ってきた人たちだけ見ても、全体は見えません。途中で脱落した人やちがう道を歩んだ人の声が届かないからです。このように「生存バイアス」とは生き残ったものだけを見ることで、誤った現状認識や判断をしてしまうことを指します。

似た話が〝子どもを東大に行かせた母の体験談〟の類いです。同じ勉強法をやっても不合格だった人の話は表面化しにくいし、届いてこないので、無視されがちです。うまくいった人の話だけを聞いても、それが本当の成功要因なのかどうかは評価できません。

第三に、長時間労働にはある種の陶酔、麻酔のようなものがあるということです。「脳は疲れると、脳内から快感を伝えるホルモンを出す」ので、「長時間労働をすると、能率が上がっているのではなくて、『仕事をした気分』に」なってしまうと言われています。[*10]

＊9　詳しくは、妹尾昌俊・工藤祥子『先生を、死なせない。――教師の過労死を繰り返さないために、今、できること』（教育開発研究所、2022年）をご覧ください。

おそらく読者の多くもお忙しい日々だとは思いますが、5分、10分でかまいません。今の働き方、生き方で本当によいのか、少し立ち止まって考えてみませんか。

「時間対効果」を意識した働き方

学校現場や教育行政は「努力と根性」が大好きではないでしょうか。かつての少年ジャンプみたいですけど。たとえば、中学3年生になれば、受験生なので、ほかの誘惑に負けず、がんばって勉強しよう。部活動でも、ライバル校よりも少しでも長く練習しよう。あるいは、全国学力・学習状況調査で平均点が低めの自治体では、子どもたちを夏休みや冬休みに集めて補習しようなど。

これらに共通するのは「時間をかけられれば、かけるだけよい」という考え方です。

限られた時間で一定の成果を出すという**生産性など無視**です。なお、生産性よりも**「時間対効果」**と表現したほうが、教職員にはしっくりきやすいのでは、と思いますが。

つまり、こういうことです。教育活動の多くは、なんらかの教育効果はあります。子どものためになることばかりです。しかし、効果だけ見るのでは十分ではありません。かけた労力や時間も見ていく必要があります。「教育効果／時間」という割り算で考えることが生産性であり、時間対効果です。

先生たちの働き方も同じです。たとえば、丁寧な学級通信を出す、これによる効果が仮に60だとしましょう（そもそも学級通信の効果測定自体がすごくむずかしいのですが、その問題はいったん置いておきます）。A先生は60分かけました。この場合、時間対効果は「60／60＝1」です。

B先生はA先生ほど丁寧につくる余裕はありませんでした。しかし、写真などを使ってそこそこのものは完成しました。効果は40でしたが、30分でつくり終えました。この場合、時間対効果は「40／30＝約1・3」です。B先生のほうが、時間あたりのパフォーマンス、生産性は高いという評価となります。

もちろん、授業の質を高めていくこと、あるいは子どもの悩みの相談にのってあげることなどの評価は、このように単純にはいきません。生産性が低くても、よいものにしていく必要がある場面も学校にはあります。しかし、24時間は限られています。仮にA先生はほかにやることはあまりない、ヒマであったら、学級通信に60分かけてもよいかもしれません。しかし、現実にはそういう先生はおらず、ほかにも授業準備や生徒指導、校務分掌の仕事、自己研鑽などたくさんあるのです。ならば、時間対効果を上げていくことは必要です。

＊10 NIKKEI STYLE「出口治明氏『メシ・風呂・寝る』から『人・本・旅』へ」WOMAN SMART 白河桃子 すごい働き方革命、2017年8月23日、https://style.nikkei.com/article/DGXMZO19821970Z00C17A8000000

クロス×トーク
私ならこう考える

耳の痛いことを伝え合える学校になるには

中原　淳　立教大学教授

専門は人材開発論・組織開発論。北海道旭川市生まれ。東京大学教育学部卒業、大阪大学大学院人間科学研究科、メディア教育開発センター（現・放送大学）、米国・マサチューセッツ工科大学客員研究員、東京大学講師・准教授等をへて、2017～2019年まで立教大学経営学部ビジネスリーダーシッププログラム主査、2018年より現職。

お悩み

自分のやり方を変えないベテランの先生をどうアップデートすればいいですか

妹尾：昔ながらの指導方法や生徒指導をしている先生に、アップデートしてほしいという教頭からのお悩みです。企業でもありそうなお悩みですが、中原先生でしたら、どう切り込んでいかれますか。

変わろうとしない人をどう変えるか

中原：変わろうとしない人は「主体的」に「変わらないこと」を「選択」しています。王道の解決策であれば生存不安を高めるか、学習不安を下げるかという話になります。

生存不安（Survival Anxiety）とは「このままだと生存できませんよ」というムチを与えることです。時代は変わっていますよ、と説得をつづけることになるかもしれませんね。学習不安（Learning Anxiety）とは「変わることはそんなに大変じゃないよ」と問いかけることです。学習不安を下げるというのは、やっていて楽しいと思うこととほとんど同じで、「やってみたら意外に楽しい。大したことではない」という経験をしてもらって、一歩ずつ変わっていってもらうしかないと思います。

たとえば、アップデートしてほしい先生はおそらく年配の方だと思うので、タブレットの使い方を若い先生から教えてもらうなど、世代の違う人と一緒に何かをやってみて、「こうやったら少し変わるんだ」と思ってもらうことから始めていくのがいいと思います。

妹尾：スモールステップからですね。

中原：いえ、スモールステップではなく、ベビーステップです。そのくらい細かく達成感を感じさせないと、変わりません。あとは、その先生がどれだけ変化しにくいかにもよりますが、「262の法則」ってありますよね。

妹尾：どのような組織・集団も、優秀な働きを見せる人が2割、普通の働きをする人が6割、貢献度の低い人が2割になる、という話ですね。

中原：その組織のなかで8割の人が大きく変わったら、その人も変わらざるを得ないと思うんです。イノベーション（新しいアイデアや方法など）が組織に普及していくときには、最初にイノベーター、次にアーリーアダプター、そして中間層に広まって、最後に「粘土層」（古い価値観に凝り固まった層）に普及するという「イノベーション普及理論」というものがあるのですが、その粘土層のなかの人たちも自分以外のみんなが変わってくると、このままだといけないと思うと思うんですよ。そういうのをくすぐっていくというのも、先ほどお伝えした生存不安を高めるというのに近いと思います。

生存不安を高めるまでのことはしなくてもいいですが、結局、粘土層のなかにも同調圧力に弱い人はいるんです。だから、周りのみんなが変わったら「このままではいけない。私もやらなきゃ」というふうに同調圧力で変わる人はいる。でも、本物の粘土層にいる人たちはおそらく変わらないと思います。それはもうどうしようもないので、そのほかの方法を試していくしかありません。

妹尾：確かに、コロナ禍の一斉休校のときは、オンラインの活用などもアーリーアダプターの方ぐらいしかできないという状況がとくに公立学校では多く見られましたが、今や多くの方がオンラインでいろいろな実践をしたり、ロイロノートを使ったりと、周りの方に教えてもらいながら徐々にやり出してきましたよね。

中原：良くも悪くも同調圧力が強いので、この国は、6がうごけば、最後の2はうごく可能性が高いです。

妹尾：先ほどのお悩みと類する質問で、高校の校長から、いい加減な仕事ぶりで教材研究もほとんどしない教員がいて、立て直しを図りたいけれど、なかなか伝えにくいというお悩みが届きました。パワハラと言われる可能性もありますし、教員不足のなかで、こういう先生も校務分掌を担ってくれているため、関係性が悪くなると学校運営がしにくいという事情もおそらくあります。こういうお悩みに対して、何かアドバイスはありますか。

中原：たとえばパワハラに関してだと、その先生と話す前に、録音することを伝えるのは一つの方法です。「今から、仕事のことについて少し思っていることを本気で伝えようと思うのですが、きちんとお伝えしたいので録音してもいいですか?」と伝えるということです。録音しておくことで証拠が残るので、パワハラにあたることを言わなければ訴えられませんよね。

もっと簡単な方法は、誰かに同席してもらうということです。僕も、厳しい話をするときは一人、もしくは複数の教員に同席してもらっていました。同席してもらうことで、僕が喋りすぎていたら、止めてもらうこともできます。

また、パワハラだと言われたら同席した人を証人にすることもできます。僕だったら、もしご自身で覚えておきたかったら、レコーディングしてくださいという風に、全部オープンにしてしまいますね。

言いづらいことをどう伝えるか

妹尾：なるほど。言いたいことがあるけど、言いづらい、ということについてはどうでしょうか。

中原：耳の痛いことを言うためには、フィードバックのスキルを身につける必要があります。相手から

「パワハラ」だと言われてしまうのは、伝え方の問題だったりもするので。

管理職は立場上、耳の痛いことも伝える必要がありますが、たとえば年配の先生に伝えるのなら、まずその先生への敬意を示したうえで、「今このような状況だと思うのですが、見直していくことはできませんか」と伝えてみたり、若い人を助けるために、ひと肌脱いでくれませんかと持ち上げたりね。

フィードバックには、いろいろな言い方があります。その方法について全く学ばずにフィードバックするというのは、すごくむずかしいと思います。

妹尾：要は、トレーニングをしっかり積んで、フィードバックや助言の仕方を身につけていけばいいということですね。

中原：そうですね。先ほどの、録音するという手段が少しむずかしい人の場合、やはり一番簡単なのは誰かに同席してもらうことでしょうか。

妹尾：もう一人同席してもらうようにすれば、厳しいことを言う人と、フォローする人で役割分担もできますよね。これは、むずかしい保護者への対応の際もやっていると思いますが。

中原：確かに、保護者対応も同じですね。ブラックボックスにしないことです。

妹尾：あとは、中原先生がご著書にも書かれていた、Situation（状況）、Behavior（行動）、Impact（成果）という相手の状況に関するデータ、SBI情報を集めることが大切ですよね。校長室から出なくてはなかなか集まらないし、伝聞だけで集めるのも厳しいですし。

中原：SBI情報の収集はマネジメントの基礎オブ基礎ですね。逆に言うと、観察もしていないのに、マネジメントもフィードバックもできません。必要なのは、情報の鮮度と量なんです。

いかに自己効力感をつけさせるか

妹尾：気になるのは、アップデートができていないと言われている側は、じゃあどうしたらいいのかと思ってしまうのではないかということです。

本人もこのままではいけないと思ってはいるけれど、アップデートができない側にもおそらくいろいろな事情があると思うんです。

中原：それは、私はコミュニケーション能力がないからと、プレゼンの舞台に上がるのを拒んでいる学生とほぼ同じですね。それを克服するには自信をつけさせるしかありません。

僕がよく学生にする方法は、まずは三人チームでプレゼンをやってみようと伝え、その後に「やってみたらできるじゃん。大丈夫だよ」と激賞してあげるんです。そうすると次は二人でやるようになって、最終的には一人でもできるようになります。そうやって、ちょっとずつ自己効力感をもたせることですね。先ほどもベビーステップでちょうどいい、とお話をしました。

妹尾：僕のような外部の人間から見ると、先生方は多様な背景のある子どもたちを相手に、授業やいろいろなケアをされたりと、すごい仕事をしています。だから何でもできますよというのは言い過ぎかもしれませんが、自信をもってほしいなと思います。

学校は究極のBtoC

中原：そういう意味で言うと、学校管理職のやるべき仕事は、日本の場合はとくにそうですが、まずは感謝やねぎらいですね。妹尾さんも企業でのご経験からわかると思うのですが、BtoB（Business to Business、企業間の取引）のビジネスとBtoC（Business to Customer、企業と顧客間の取引）のビジネスを考えたらもちろん、顧客を選べないBtoCの方がきついに決まっていますよね。そのなかでも究極に選べないのが学校です。でも、内部にいるとどれだけ大変なことをやっているのかがわからないんだと思います。

だから、基本はダメ出しの前に、ねぎらいや感謝をすることがまずは大事なのではないかと思います。学力レベルが多種多様な子どもを、どんな子どもでも受け入れて、一定水準以上の教育を行うというのは、奇跡なんですよ。

妹尾：僕は教員経験はないので詳しくはありませんが、学級経営も一緒ですよね。たとえば、子どもたちのやる気を出すためには、いいところをきちんと褒めたり、スモールステップでやらせてみたりすることも大事なのではないかなと。校長先生や教頭先生もクラスをもっていたときのことを思い出していただくといいのではないでしょうか。

中原：学校の先生は顧客を選べず、地域の子どもたちのために仕事をしているわけですが、それは「やって当たり前」の仕事ではありませんよね。地域の人からも感謝されているということも管理職は積極的に伝えていかないと、教職員のモチベーションを保つのはかなりむずかしいと思います。

お悩み

人事評価で2をつけたい教諭がいます

妹尾：このお悩みも関連深いのですが、人事評価で2をつけたい教員がいるけれど、2をつけると教育委員会から事実資料を求められる。ただ、授業も適当で生徒に迎合し、あげくに校長の指導に従わず逆ギレする。2をつけるかどうかだけの問題ではなく、この先生の立て直しに苦労している、ということかと推察します。

評価後のフィードバック

中原：この問題に関しては、教育委員会が主導する人事評価は機能しているのかを考えることが重要です。

妹尾：制度として、運用としてということですね。

中原：民間の場合、人事評価はメリハリをつけないといけないので、正規分布に従って、誰かに2の評価はつけざるを得ません。今回のケースの場合、2をつけたら面倒なように教育委員会の人事制度が組まれています。これは人事の怠慢です。もちろん民間もできれば厳しいことは言いたくないので、管理職による評価は上振れしていきます。なので、評定ごとの上限がきちんとあるのかどうかが第一の前提ですね。

そのうえで、評価制度として2をつけざるをえないのだったら、正々堂々とつければいいと思うんです。重要なのは、評価をつけた後の観察・フィードバックで、それをしないと、2をつけられた教員が腐っていってしまいます。

お悩みには、従わずに逆ギレするともありましたが、評価後の対話が大切なので、むしろ逆ギレしてくれたほうが指導しやすいと思います。一番困るのは、2をつけられても全然気にせず、2の評価をつけても何も言わない場合です。

妹尾：そうですね。あと、変に誤解して「私は校長や教頭との人間関係がよくないから、いじめられて2をつけられたんだ」と曲解してしまう先生もなかにはいらっしゃいます。そうではなくて、あなたにはこういう課題があるからこの評価なんですよ、ということを教えてくれる人がいないと、その人の成長につながりません。

中原：評価に基づいて指導をするにあたっては、事実資料をどれだけきちんと提示できるかも重要です。また、揉めることを事前に想定できているのなら、先ほども言ったように、複数人で対応するのがよいと思います。

ただ、救いのないことを言いますが、このお悩みのような状況になってしまう前に、もっと早く対処する必要があったとも思います。ここまでになってしまった教員は、もう手に負えません。

妹尾：こういう人を成長させるのは、確かに至難の技ですよね。もう放っておこうとなってしまい、どんどん悪循環に陥り、その先生も成長しないし、周りも腫れ物に触る感じになって、お互いにとって不幸ですよね。中原先生のおっしゃるように、もっと手前で立て直しやアドバイスができなかったのかなとは思います。

中原：身も蓋もない言い方になりますが、短期間でこのような状況になってしまったという話ではないと思うんです。長い間フィードバックのない状態に置かれたために、この先生はそのような仕事の仕方を学習してしまったんです。10年間、15年間同じように仕事をしてきてノーフィードバックだった人を変えるのは、かなりむずかしいですよね。

妹尾：なるほど。いわゆる指導力不足教員をどうするかという話でもよく出てくるのですが、指導力不足というのは、急にそうなったのではなく長年の時間を経てそうなったわけなので、研修や教育委員会が数ヵ月引き取ってトレーニングをする程度で解決するのだろうかと思います。

中原：研修を受けたくらいでは変わらないですよ。

妹尾：人を立て直そうとするなら、校長・教頭だけががんばるのではなくて、同僚同士で高め合い、刺激を受けることも必要ですよね。

先ほど、中原先生から8割が変わればあとの2割も変わろうとするという話がありましたが、もっとお互いに学び合ったり、フィードバックし合ったりしてもいいと思うんです。教員の世界では、授業のフィードバックはありますが、それ以外ではあまりありません。中学や高校だと部活があって忙しいとは思いますが、もう少しお互いが学び合うことの優先度を上げていけるとよいのではないかと思います。

そもそもの体制に問題がある

中原：中教審などでもくり返し伝えましたが、学校の組織は従業員数が30人、40人いるなかで、管理職は1人か2人しかいない。管理できる範囲を超えていますよね。はっきり言って、機能するわけがないんです。民間企業では、1人の管理職に対して部下は6、7人程度ですよね。それが管理スパンの標準です。

それが、30~40人もいたら、目も届きませんし機能的に破綻します。本来ならば、校長の下に3、4人ほど準管理職がきちんといて、ほかの先生たちを見て、管理職はその準管理職をマネジメントするという構造をつくらない限り、しっかりと人事管理をするのは絶対に無理だと思います。

今学校が機能できているのは、先生方がいい人でまじめだからです。管理職は校長・教頭だけで、それ以外は基本的に同じ立場。そして「同僚性」という言葉でくるまれています。

その「同僚性」のなかで、管理職としての役割を正式には割り当てられなくても、管理職の意図をくんで、疑似的にマネジメント職を担ってくれる人がいる学校はうまくいくと思いますが、そういう学校ばかりではない。僕は正直、「同僚性」というゆるいワードのせいで、学校には必要なマネジメントが行き渡らなくなっている気がします。

妹尾：校長・教頭だけでは見きれない部分が大きいという意味では、やはり教職員間でもっと高め合ったりフィードバックし合ったりする場をつくる働きかけは校長・教頭の役割として大事ですよね。

中原：それは大事ですね。でも、フィードバックのための観察も、校長・教頭がすべてできるわけではありません。だから、学年でお互いに授業を見合ってフィードバックし合うことなどが大切です。

妹尾：あとは、学年主任や研究主任がミドルリーダーとして動きやすい環境をつくることも重要です。授業コマ数もほかの教員と同じぐらい持っているのに、主任手当としてはわずかな金額しかもらっていません。だから、そういう制度上の面でも整えることが政策論としては大事だと思います。

中原：リーダーの処遇をきちんとすることは大事ですね。

妹尾：さらには、どこかの学級が大変なときに学年主任がそのカバーをするなど、火消し役になってしまっているところもありますよね。そうなる前に対応したり、支援やケアが必要な先生をサポートしたりすることに学年主任の力が回せず、事態が悪化してから対応に翻弄されているような学校もあり、悩ましい問題です。

お悩み

若手のうちから働き方改革というのもギモンです

妹尾：次は、若い世代の働き方に疑問を感じますというものです。働き方改革の流れのなかで、管理職も無理をしないでくださいとしか言えないとのこと。

ピアフィードバックをどう日常化するか

中原：まず、管理職が言うべきことは、「無理をしないでください」ではなく、「限られた時間のなかで優先度を考えながら成果を出してください」です。時間が限られているのは誰だって同じです。だから、そのなかで最大限にクオリティの高い授業をするためにどう工夫しますか、と言うべきだと思います。

もちろん、これまでさんざん長時間労働を強いてきたので、それは是正しなくてはいけません。だからこそ、短い時間のなかでどう成果を上げるのかはやはり伝える必要があります。あとは、やらなくてもいい仕事をどんどん減らしていくことですね。

妹尾：先生の仕事は成果が見えにくいですし、一概にどういう授業がよくて、どんな授業準備がいいのかは、なかなか言えないところではあります。しかし、この授業だとまだまだ深い学びにはなっていないとか、子どもたち退屈してたよなどは、先ほど話したSBI情報を収集しながらきちんと伝えていくことが大切ですね。成果という言葉を使うと拒否反応を示す人もいるので、こうしたらもっといい授業やいい学びにできますよと話すとよいのではないでしょうか。

中原：成果が見えにくいのはホワイトカラーの職種はほぼ同じです。ビジネスパーソンの仕事だって、相互に重なり合っていて、一部の営業職以外は、個の成果なんて明示できません。それでも、成果につながる行動は促進する必要があります。そのためにはやはり、誰かが観察してフィードバックをする必要がありますよね。だから結局、この問題のポイントはお互いにピアフィードバックをし合うような環境をどうつくり、どう日常化していくかに尽きるんです。

妹尾：中原先生でしたら、そのような環境をどうつくっていきますか。

中原：たとえば、授業研究って、学校のなかの数人が当たるだけですし、1回担当したら、その次は数年後だったりしますよね。数年に一度の授業研究で、本当に教員の指導力が高まるのでしょうか。僕は、より大切なのは、日常的なフィードバックなのだと思います。

僕だったら、なるべく省力化します。その代わりに、たとえば1週間に1回授業を見に行くなど、常に観察し、フィードバックのある環境をつくります。そっちの方が大事です。おそらく、能力向上につながるとみんなが信じてやまない授業研究を減らすことは、象徴的な意味を持つと思うんです。その代わりにこれをやろうよと提案すれば、「校長先生、よく考えたな」となるのではないでしょうか。

妹尾：もちろん授業研究に効果が全くないわけではないと思いますが、あまりにも事前準備に時間をかけて疲れてしまっている部分もあると思います。

中原：また、授業研究では指導主事や外部の専門家など、普段の授業を見ていない人が感想を言ったりしますが、それによって先生の能力が上がるエビデンスはありますか？　日々観察できていない人が、適切なフィードバックができるとは、僕には思えません。

妹尾：日常的な学び合いやピアフィードバックの優先度をきちんと上げることも大事ですね。部活動の休養日を増やしたり、たまには短縮授業にして学び合いの時間も勤務時間内で設けたりするなど、メリハリが大切だと思います。

中原：そうだと思います。結局、学習資源をどうつくるかですね。そこにどう投資していくかですが、今までやってきたことのなかで必ずしもやる必要のないこともあると思うんです。

　僕は今まで長時間労働にかかわる研究をやるなかで、いろいろな学校や病院、会社を見てきましたが、およそ8割の人は「これやっても無駄だよな」と思いながらやっていることがありました。それを減らしていき、リソースを確保することで、きっと学校も変われると思います。

フィードバックに特別なことは必要ない

妹尾：中原先生がこれまで見てこられた学校で、フィードバックがうまくいっていたような事例はありますか。

中原：すごくよい実践があって、そこではフィードバックのほかに、お互いに相互1on1をするなど、壁打ち相手を増やすこともしていました。

　勘違いしないでほしいのは、フィードバックというのは、魔法のように何かすごいことをするのではなく、フィードバックの本数を増やし質を上げることが大切なんです。

妹尾：もしかしたら、フィードバックに対して、自分が非難されているのではないか、と感じてしまう人もいるのではないかと思いました。

中原：まず、フィードバックはなんのためにあるのかを話しておく必要がありますし、基本的にポジティブなことを2個、ネガティブなことを1、2個伝えるのでいいと思います。極端に言えば、それが3個と1個でもいいです。

「いいところはここ とここで、こんなところもすごくいいと思ったけれど、ひとつ、伸びしろがあるとしたらこういうことかな」と伝え、「それについてはどう思う?」と聞いたら、「3ついいことあるし、いいかな」と思ってもらえるのではないかと思います。

ちなみに、「褒める」ことも、フィードバックですよね。相手の成長の鏡になってあげることがフィードバックなんです。それをやっていくしかないと思います。本来、こういうことは教員養成の段階で学んでほしいですね。

仕事を背負いすぎたことの弊害

妹尾:教員養成ではやらないかもしれませんね。ほんとうに、伸びしろだらけですね、教育界は。

企業にもかかわられている中原先生から見ると、学校にはいいところもあるけれど、なんとかならないのかと思われることもたくさんあるのではないでしょうか。

中原:僕はもともと教育にかかわった後に企業にもかかわるようになったのですが、企業にかかわっていた二十数年前は、企業研修というしごきのような研修が横行していてとんでもない状況でした。その当時と比べると企業も変わってきていますよね。もっと理性的になりましたし、データに基づいた人材開発が試行されるようになりました。

でも今回、中教審の委員になって驚いたことは、教育界が二十数年前の状態と何も変わっていなかったということです。タイムマシンに乗って、時代を遡ったかのように感じました。

妹尾:話がそれるかもしれませんが、やはり一人の教員にあれもこれもとお願いをしすぎていると思います。子どもの心のケアや、教科指導、保護者対応や給食指導など、一人に任せすぎているのでは、と。

これは制度論なのですぐに変えられることではありませんが、それぞれ得意・不得意のデコボコがあってもいいから、一人の先生に任せるのではなくて、多様な職種の方がもっと連携して子どもたちのケア等を分担するなどのほうが望ましいのではないでしょうか。

中原：一人に仕事を任せ過ぎてしまうのは長時間労働の制限がないからですね。いろいろな仕事を投げれば投げただけやってくれるんです。

たとえば、妹尾さんが野村総合研究所にいたとき、どこかの部門に所属するとして、新しい仕事が次々に来たら、どうやってヒト・モノ・カネの都合をつけるのかと言うと思うんです。それがないんです。新しいことをやるなら、リソースをつけろ、と声高に言うべきです。リソースがないものは、やらないくらい言ったほうがいいです。でも、学校現場では、誰も言ってこなかったということです。そして、今になって回らなくなってしまった。先ほども言ったとおり、長期にわたって今のような事態になってしまったんです。

妹尾：ただ、今のまま放っておいたら、学校も先生たちもしんどくなっていくし、子どもたちにも迷惑がかかってしまいますから、なんとかしていかなければなりませんね。ありがとうございました。

4 従来の仕事にしがみつく事務職員、どうすればいい？

お悩み・学校事務職員にもっと学校運営等に参画してもらいたい、教頭の支援もしてほしいと教育委員会としては考えているのですが、一部の事務職員は従来からの仕事にしがみついて「私たちも手いっぱい」という反応。大反対にあっています。どうしたらよいでしょうか。

（関西、教育委員会事務局職員）

危機感を共有する

なるほど、各地でよく聞く話です。まず、この反対している事務職員さんたちの気持ちもよくわかる気はします。わたしも含めて、おそらく多くの人にとって、これまでやってきた仕事や従来の方法を大きく変えるのは、抵抗感があるものです。不安も先立つし、これまでどおりの仕事のほうがラクだし、というところはありますから。「**現状維持バイアス**」とも呼ばれます。教員にもそういうところはありますよね（旧来型の授業から変えたくないなど）。

また、教頭職（副校長も含めて）が忙し過ぎるという問題も、全国各地で起きていますよね。しかし、だからといって、学校事務職員が多忙になっていいのか（すでに多忙な人もいるし）という問題には、学校も行政も、真剣に向き合う必要があると思います。くれぐれも教育委員会は、事務職員等の標準職務について通知を出し、ちょっと研修をしたらあとは現場任せ、というのではいけません。

さて、「どうしたらよいでしょうか」と言われても、難題ですが、いくつかアプローチはあると思います。

ひとつは、**危機感を共有するアプローチ**です。多くの事務職員にとっては耳タコだと思いますが、「単に指示された事務手続きをこなすだけでは、コンピュータ、ＡＩに取って代わられますよ」という話などが代表例です。あるいは、「財政が厳しいなか、各学校に事務職員を配置する意味はあるのかという話になりますよ」とか。

こういう話が必要なときもあると思いますが、響かない人もいるんですよね。とりわけ50代の職員は逃げ切れると思っていたり（学校事務がＡＩに代替される日はすぐには来ない）、公務員だから倒産することはないと安心していたり。

希望を語る

もうひとつは、ポジティブ・アプローチと言いますか、**危機ではなく、希望や使命感を語る方法**です。

わたしの研修などでよく問いかけているのは、**「なんのために事務職員をしていますか？　どんな仕事を本当にしたいですか？」**という話。たとえば、就学援助事務などをしていても、家庭環境の厳しい子が多いことは、事務職員なら実感しているはず。制服や教材だけでなく、修学旅行や部活動などにも多額の家庭負担がかかっています。家庭環境のせいで学びをあきらめてしまう子どもたちを減らしたい、と思いませんか。そのためには、これまでどおりの仕事でよいのでしょうか。

20年前、30年前でしょうか、かつては学校事務職員のスキルとして、電卓を正確にすばやくたたけることが大事でした。でも、今はエクセルスキルのほうが大事ですよね。このように、世の中のニーズや変化に応じて、仕事の仕方やスキルは変わっていくものです。

エフォートレスに仕事をする

それから、もうひとつ大事なのは、**これまでの仕事をこれまでどおりの方法でやろうとして、そこへ新しい仕事を追加しようとするから、負担増**なんです。

これまでの仕事の一部はやめたり、減らしたり、あるいは別の方法で効率化したりすることができるといいですよね。

たとえば、事務職員の仕事の一部を教育委員会に移す、あるいは共同でアウトソースする。使いにくい帳票や煩雑な手続きを改訂して、ＩＣＴでもっとラクにできるようにするなど。各学校固有の問題ではなく、市区町村や都道府県の全体で共通した問題ですから、学校現場に任せきりにせず、教育委員会もかかわるべき話です。

先日『エフォートレス思考――努力を最小化して成果を最大化する』（グレッグ・マキューン著、高橋璃子訳、かんき出版、２０２１年）という本を読みました。学校では「がんばること、努力はすばらしい、美徳」という価値観が刷り込まれがちですが、もっと努力しなくていい方法がないか、探してみることも大事です。

ある程度時間はかかりますし、変えることにも労力や負担はかかります。ですが、中長期的に、さまざまな人がWin-Winになる方法を探究しませんか。

ポイント解説5 仕事でラクをするマインドと方法

別の道を探したほうがよい

ちょっとたとえ話から始めます。

空き瓶にさまざまな石を詰めようというとき、小さな石から入れていくと、大きな石を入れるスペースはなくなってしまいます。大きな石を入れたあとで、小石や砂利を入れていくと、ちょうど隙間にフイットして、うまく収まりますよね。

大きな石とは健康や家族などのあなたにとって最優先事項を、小石は仕事やキャリアといった優先順位がいくらか低いものごとを、砂利はスマホいじりなど、取るに足りないことを指した教えです。

しかし、もしも大きな石が多すぎたときは、どうすればよいでしょうか？

4のお悩みで紹介した『エフォートレス思考』という本では、大事なことだけをやろうとしても、それでも多すぎるなら、あきらめるか、やり方を変えるしかないと述べています。

「頑張ってもうまくいかないなら、別の道を探したほうがいい。」（15頁）

この言葉は非常にシンプルですが、大事なことだと思います。みなさんのなかには、「何をわかりきったことを？」と言いたくなる人もいるかもしれませんが、案外、別のもっと楽な方法があるかも、という発想になっていないときは、多々あるのではないでしょうか。

脱ガンバリズム

引用を続けます。

努力と根性でなんとかしようというのは、ひとつの考え方にすぎない。ところが多くの人は、それが唯一のやり方だと思い込んでいる。ほかのやり方を探ろうとしないまま、限界を超えて頑張りつづける。力ずくでやることに慣れてしまっているからだ。

エフォートトレス思考は、問題に対するアプローチを180度逆転させる。

それは「どうすればもっと楽になるだろう?」と考えるアプローチだ。

（前掲『エフォートトレス思考』51頁）

わたしは、学校の働き方改革や業務改善について数多くかかわってきましたが、教職員や教育行政職員の中には、「ともかくがんばるしかない」という思考モードに入っている人は少なくない印象を受けます（飽くまでもわたしの限られた経験での印象論ですが）。

目の前のことを一生懸命やろうというのは大事なことも多いですが、一方で、少し立ち止まって、その業務や活動そのものの必要性を考えなおしたり、やり方のマズさを改善したりすることを飛ばしがちではないでしょうか。

またたとえ話になりますが、登山をイメージしていただくといいと思います。あなたの目の前の道は、急峻な登り坂が続いて、かつぬかるんでいて歩きにくい。猛暑のなか日差しも厳しい。でも、「このくらいでへこたれずに、ともかくがんばるか」となっている人が多い印象です。別の道を選べば、多少距離はあっても、なだらかで、木陰も多くて歩きやすいかもしれないのに。

4のお悩みでは、学校事務職員がこれまでどおりの仕事、ルーティーンをこなすことで手一杯になって、より価値のあることや新しいことに挑戦しようとしないことについて、扱いました。でも、事務職員だけの話ではありませんよね。校長や教員にもそういう人はいますし、わたし自身にとっても耳の痛い話です。

なぜ、現状維持になってしまいがちなのかという理由は、いろいろあると思いますが、そのひとつは、**目の前のこと、ルーティーン業務が忙し過ぎる**ことです。

対策は2つです。

①目の前のことの一部をやめたり、減らしたりすること（他の人や機械にやってもらうことも含む）
②目の前のことをより小さな労力、時間でこなせるようにすること

エフォートレス思考は、②のアプローチです。

翻って、学校の文化や伝統（むしろ思考の癖と言ったらよいでしょうか）は、どうでしょうか。一生懸命がんばることが美徳で、「ラクをする」ということに罪悪感を覚える先生たちや、「ズルい」と思ってしまう人も多いように見えます。子どもたちに対してもそういう教育をしてしまっているかもしれません。

しかし、世の中の多くの便利な発明品を思い出していただければ明らかなように、「ラクをしたい」という思いが数々のイノベーションを生み出しています。レンジでチンとか。ちなみに、うちは子どもも多いし、乾燥機能付き洗濯機を買って、本当によかったです（洗濯物を干す、取り込むという工程がなくなります）。

エフォートレス思考の実践例

さて、前掲書ではさまざまなエピソードをもとに、エフォートレスな考え方と実践について解説してくれていますが、その要点のみ、書きだしておきましょう（図表3－3）。

ひとつひとつは、他のビジネス書などでもよく言われることかもしれません。また、著者のおススメする方法がすべて、日本の学校でうまく適用できるとも思えません。たとえば、昼寝したほうがリフレッシュして集中力が高まることはよく知られていますが、そんなヒマ、みなさん、ないですよね？

とはいえ、いくつか参考になる部分はないか、考えてみるのもいいと思います。自分のこれまでの慣習や思い込みを振り返るヒントが見つかることでしょう。

一例として、ある小学校では、月1回、10分程度ですが、職員室の自分の机まわりを片付ける時間を設けています。案外、もの探しに時間がとられることもあるためです。で、これを校長等からやれと言われて、渋々やるのではおもしろくないですよね？　この小学校では、各教職員が輪番で懐メロをかけながら、作業することにしました。世代ごとの違いが出て、雑談も盛り上がって、楽しい時間になりました。

これは「ENJOY（遊び）：『我慢』を『楽しい』に変える」の好例かと思います。

ともかく真面目に一生懸命、そういう教育関係者は少なくないかもしれません。ですが、たまにはいつもと違った角度、方法から忙しい日々や教育活動を見つめなおしてみる価値はありそうです。

図表3－3　エフォートレス思考の考え方と実践例

■エフォートレスな精神

INVERT（転回） 頑張れば、成果がでるとはかぎらない	• 「どうしてこんなに大変なんだ？」と問うのではなく、「どうすればもっと簡単になる？」と考える。 • 不可能を可能にするために、違う角度からアプローチする。 • 大きな困難を感じたら、「やり方が悪いのではないか？」と振り返ってみる。
ENJOY（遊び） 「我慢」を「楽しい」に変える	• 仕事と遊びを共存させる。 • 面倒なタスクを、意味のある儀式に変える。
RELEASE（解放） 頭の中の不要品を手放す	• 足りないものに目を向けると、すでにあるものが見えなくなる。自分の持っているものに目を向ければ、足りないものが手に入る。 • 「ネガティブな感情をなんのために雇用しているのか？」と考える。役に立たないなら、解雇する。
REST（休息） 「休み」で脳をリセットする	• １日の疲れは１日で癒せるように、やることの量を調整する。 • 昼寝を上手に活用する。
NOTICE（集中） 今、この瞬間にフォーカスする	• 注意力を訓練し、ノイズを無視して重要なことに集中する。 • 自分の意見や判断を押しつけるのではなく、人の話に全力で耳を傾ける。

■エフォートレスな行動

DEFINE（目標） ゴールを明確にイメージする	• プロジェクトに着手する前に、まず「完了」のイメージを明確にする。 • 完了といえる明確な条件を設定し、そこにたどり着いたら終了する。 • 1分間、心を集中させる。
START（発動） はじめの一歩を身軽に踏みだす	• もっともシンプルな行動から始める。 • やるべきことを分解し、最小のステップに落とし込む。
SIMPLIFY（削減） 手順を限界まで減らす	• 各ステップを単純化するのではなく、不要なステップをなくす。 • やらないことを最大限に増やす。
PROGRESS（前進） よい失敗を積み重ねる	• 「ゴミ」から始める。 • 安く失敗する。学習サイズの失敗から学ぶ。
PACE（上限） 早く着くために、ゆっくり進む	• エフォートレスなペースを設定する。 • まとめて一気に頑張っても、同じ成果が得られるとはかぎらない。

出所）グレッグ・マキューン著、高橋璃子訳『エフォートレス思考――努力を最小化して成果を最大化する』（かんき出版、2021年）127、128、192、193頁より抜粋して作成

ポイント解説 6 誰のための、なんのための仕事なのか

どっちのほう見て仕事してんねん!?

「現状維持バイアス」について述べましたが、これは、多かれ少なかれ、誰にとってもあるものだと思います。わたし自身についても、たとえば、使い慣れたパワーポイントではない方法でプレゼンせよ、と言われても、面倒くさいです。また、よく依頼される講演テーマでプレゼンするのはラクですし、慣れていてそれなりの内容をお届けできますので、喜んでもらえます。でも、本当にこれまでのやり方のままでいいのか、もっと改善したり、大きく変えたりするところはないか、と反省しなくちゃ、と感じています。

今回のお悩みに関連して、危機感を共有することと希望を語ることについて述べました。希望を語るというところに近いと思いますが、わたしが最近よく使うスライドを紹介します。

「どっちのほう見て仕事してんねん!?」というのは、ときどき仕事のための仕事、というと失礼な言い方かもしれませんが、**誰のためになっているのか、よく見えない**ことがあるからです。

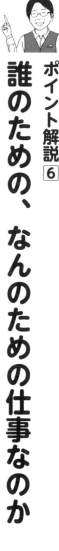

どっちのほう見て仕事してんねん！？

あなたの仕事の先には何がある？

たとえば、ある教育委員会では、首長や議会からのプレッシャーもあって、学力テストの結果を上げることに躍起になっていて、各学校に「○○スタンダード」といった授業スタイルを指導しています。提案、推奨するくらいならマシなのですが、事細かく「めあては黒板の左上に毎回明記しているか」といった枝葉末節を指導しようとし、あげくに学校でできているか、校長や教頭は点検せよと指令を出したりします。その一方で「個別最適な学びを推進する」とか「主体性が大事だ」などと言っているのですから、矛盾していませんか？

「学力向上策に取り組んでます」とポーズをとりたいだけなら、それは首長や議会のほうは向いているかもしれませんが、あるいは教育長や組織のメンツは大事にしているのかもしれませんが、子どもたちのほうを見た仕事、子どもたちの利益を最優先で考えた仕事とは言えない、と思います。

さらに言うと、たいして子どものためにならないことを進めるのであれば、それは首長や議会のほうにも本当の意味では向き合っていない姿勢なのでは？

新型コロナが猛威をふるい、未曾有の休校が続いた2020年にも似たことを感じました。2～3ヵ月の休校中、多くの公立学校では、大量の宿題プリントを配付して、たいしてフォローのない状態でした。「いちおう学校は課題を出しているし、学力や学習習慣を大事に思っていますよ」というポーズにはなったかもしれませんが、ほとんど家庭任せ、本人任せで、本当に学習が進んだのか、深まったのかという検討は見られなかったのではないでしょうか。また、教育委員会も児童生徒の意見などまったくと言っていいほど聞かず、夏休みを大幅短縮する例が各地で見られました。これらは、本当に子どもたちのほうを見た仕事をしたと言えるのでしょうか？[*11]

学校事務職員にとってウエイトをかけるべきはどこか

さて、今回の4のお悩みに戻ると、従来からの仕事にしがみついている学校事務職員という話がありました。おそらく県費事務と呼ばれる給与計算、手当の認定などを指していると思います。そうした仕事が大事ではないと申し上げたいわけではないですし、誰かがやっていく必要はあるわけですが、個人的には、各校に配置されている事務職員が行う必要性は低い、と思います。学校ごとの特色や独自性は必要ありませんし（当然ですが、どこの学校でも同じルール、手続きに沿って処理します）、集中処理やアウトソーシングしたほうが効率的ではないでしょうか。実際、県庁や市役所では、総務事務をアウトソーシングしている例はかなり見られます。

こうした県費事務などの負荷は減らしつつ、各校配置の事務職員はもっとほかの業務や役割を大きくしていくほうがよいのではないか、と思います。おそらくお悩みを寄せてくださった教育委員会職員の方も同じように考えているのかもしれませんが、現場から大反対にあうということですね。

たしかに、「従来の仕事の必要性は低いのでは」なんて話をすると、これまでのがんばりが否定されたように感じる人もいるでしょうし、自分たちの存在意義が揺らぎかねないと思う人も多いことでしょう。新しいことをやっていけるか不安が先立つという気持ちも、わかります。

ですが、**学校事務職員は子どもたちの学ぶ環境づくりや学校の業務改善など、各校にいる必要性の高い業務にもっと貢献していける**のでは、と思います。たとえば、教材費などの学校徴収金や修学旅行費、部費（部活動費）、制服（標準服）にかかる経費など、家庭負担は少なくありません。経済的な理由で学びが不利になったり、学校に行きづらくなったりすることがないように、各校での改善を進めたり、共同学校事務室などを通じて複数校での改善に取りかかることなどは、学校事務職員の力がもっと発揮できる、と思います。また、教員とはちがった視点で、学校の業務改善を進めたり（たとえば職員室のレイアウトなどをより働きやすい環境に変える）、法令等に沿った体制づくりを進めたり（たとえば労働安全衛生体制の推進）することにも活躍できると思います。

どんな仕事によりウエイトを置いていくべきなのか。この問いにもっと向き合っていく必要があるのではないでしょうか。

「いや、そんなこと言われても、これまでどおりの仕事を捨てて、新しいことを覚えるのは大変ですよ」という声も聞こえてきそうです。確かにそうですよね。誰にとっても、そうだと思います。とはいえ、コロナ危機下でICT活用にだんだんと慣れていったように、少しずつできることを増やしていくこと（やればできるという経験を重ねていくこと）、一人でやろうとせず、教育委員会の支援や共同学

＊11　詳しくは拙著『教師と学校の失敗学――なぜ変化に対応できないのか』（PHP新書、2021年）をご覧ください。

校事務室などを通じて、複数校で取り組んでみること（苦手なことは教えてもらえばいい）をオススメします。

Chapter 4

雑談のない職員室、
職員が
孤立しがちです

1 コロナ禍のコミュニケーションに悩んでいます

お悩み

チームとして結束していくうえで、コロナ禍や多様性の重視によってこれまでのコミュニケーションスタイルが通用しなくなりました。たとえば、飲みニケーションをはじめとする対面的・同期的なコミュニケーション。こうしたことの価値が薄れ出したことで、世代間ギャップがますます深まり、個業化に向かっているように感じます。どう取り組みを始めればよいかわからず悩んでいます。

（中部、中学校、学校事務職員）

雑談がない

ほんとそうですね。コロナ危機下でずっと職場での飲みニケーションもないですし、研修もオンラインが多くなったりしていて、対面で話をする機会は減っています。

関連して、学校の先生たちからよく聞くのは「職員室で雑談が減った、なくなった」ということです。コロナ前からも忙しかった学校現場ですが、コロナ対応などもあって、ますます大変ですし、教員不足（講師が見つからない問題）もあって、余裕のない日々が続いている学校もありますよね。かつては、土曜に授業をしたあと、ゆっくり歓談したり、職員でバレーボールをしたりしていたとも聞きますが、いまとなっては昔話ですね。

だらだらおしゃべりばかりして遅くまで残るというのも問題ですが、ちょっとした交流や意見交換などは大事にしたいです。

さて、お寄せいただいたお悩みに戻りますが、3点ほど考えたいことがあります。

ひとつは、飲みニケーションのよさはわたしも実感していますが、職場（あるいは学校事務の共同実施など）でのチームワークや結束力を高めるという意味で、はたしてそれほど効果的だったのかはクエスチョンです。他愛のない話が楽しいひとときでもありますが、まじめな話やつっこんだ議論にはなりにくいときもあるでしょう。

「オフサイトミーティング」といった言い方もありますが、**気楽にまじめな話をできる場を設けるほうが飲み会よりも効果的かも**しれません。

校内研修を見直す

2点目は1点目とも重なりますが、**校内研修などの活性化を図る**必要があるのではないでしょうか。授業研究が悪いとは申しませんが、研修内容が**あまりにも授業研に偏り過ぎ**という学校もあるように思います。もっと気軽に、ちょっと困っていることや疑問のあることなどをシェアして、少しでも解決の糸口を探していくといった、お悩み相談会のような校内研修があってもいいと思います。とりわけ、地域によっては世代交代が進み、若手が多くなっている学校もありますし。

世代間に限りませんが、いろいろな人がいるなか、認識や価値観の違いは、あって当たり前のことです。夫婦でさえコミュニケーションには苦労します（たぶんわが家だけではないはず）。よいチームというのは、多様な価値観やアイデアを出し合って、よりよい方向に向かおうとしていく組織ではないでしょうか（Chapter3－3で述べた心理的安全性の話にも通じる話です）。

顔をつき合わせた交流が大事

3点目として、経営学、心理学などでは**「トランザクティブ・メモリー」が重要**だという研究成果がたくさんあります。これは、組織内の全員が同じことを知っている必要はなく、ほかのメンバーの誰が何を知っているのか（who know what）を知っておくことが重要、という意味です。ひとりがあらゆることに詳しくなるのは無理なので。

たとえば、わたしが以前いた会社では、顔写真入りの社員紹介のイントラネット上で、その人が従事した仕事一覧や得意なテーマ、関心のあることなどを見られるようにしていました。もちろんキーワード検索も可能です。

学校のなか、あるいは複数校で、誰が何を得意としているかはもっと共有できたほうが、強みを発揮しつつ、弱いところを補い合うという関係性がつくりやすくなると思います。

実際、ある公立小学校では、写真のように、教職員一人ひとりの得意なことを共有する表を印刷機の前に掲示していました。職員がよく立ち寄る場に、ですね。（写真からは省いていますが、左端には職員名が並んでいます。）

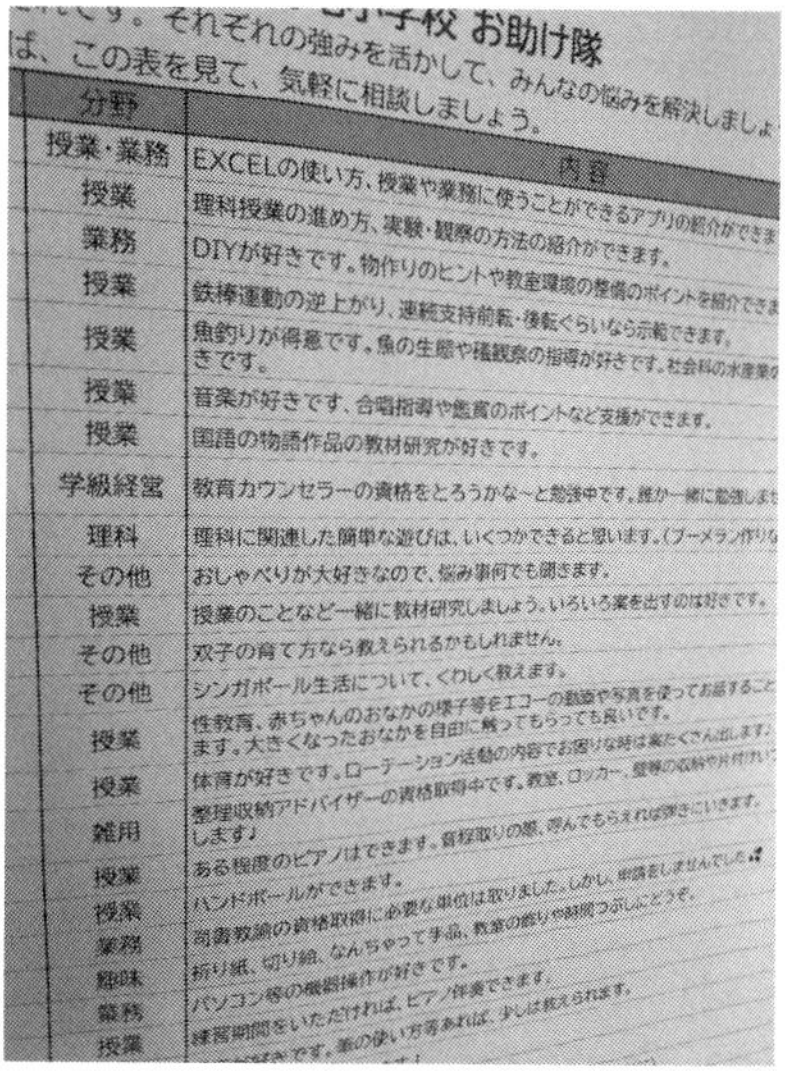

■一覧表で教職員の得意なことを共有

なお、興味深い実験結果があります。34組の男女のカップルに共同作業をしてもらい、その成果を比較する実験で、①共同作業の際に、会話することも、互いの顔を見ることもできるカップル、②会話はできるけれど、互いの顔を見ることはできないカップル、③会話はできないが、互いの顔を見ながら書面の交換によって意思疎通できるカップルに分けたそうです。そして、トランザクティブ・メモリーを測ったところ、①と③はほとんど違いはなかったのに対して、②は大きく落ち込みました。フェイス・

トゥ・フェイスのコミュニケーションの重要性を示唆する研究です（入山章栄『世界標準の経営理論』ダイヤモンド社、2019年、261頁）。

飲み会もできるようになるといいですが、それに限らず、ぜひ楽しくまじめに語り合える場を設けてほしいと思います。

2 つっこんだ話ができない職員室

お悩み

働き方改革について、教員を見ていて感じるのは、積極的に進めていきたい人と、今のままであることが「当たり前」であるから変化を嫌う人との二極化が問題なのではないかということです。間をつなぐ中間の人、バランサーがいないから、歩み寄れないいままずっと来ているのではないでしょうか？（東北、小学校、学校事務職員）

「忙しくていいじゃない」をどう考えるか

ご質問をお寄せいただき、ありがとうございます。読者のなかには「うちの学校のこと!?」と思われた方も少なくないかもしれませんね。

今のままがいいというのは、心理学などで「現状維持バイアス」と呼ばれているそうです（Ｃｈａｐｔｅｒ３－④のお悩みでも紹介しました）。現状維持できるなら、維持しようとすることですね。誰しも、程度の差はあれ、思い当たる節はあるのではないでしょうか。たとえば、妹尾の場合、整理整頓しておけば物探しに手間どることは減るのに、なかなか片づけられません。

働き方に関しては、児童生徒のために懇切丁寧に、時間など気にせず、がんばる教員は、数年前までは（あるいは最近でも？）熱心な先生として、評価されていたのではないでしょうか。また、公立学校の場合、変化を嫌っていても、倒産したり、失職したりすることはまずありません。これまでどおりがよい人が多いのは、そういう背景もあるのだと思います。

しかし、長時間勤務のままで、健康を壊したり、眠いまま授業をしたりしても、よくないですよね？教員志望者も減っています。わたしの研修会などでは、「**本当に今の働き方のままで、子どものためになるのか**」と問いかけています。

教職員は主体的で対話的になっているか

もうひとつ、今回のお悩みで気になったのは、**考え方が異なる教職員の間で、しっかり対話や議論ができていないのではないか**、ということです。間をつなぐ人がいないから、というよりは、自分の**価値**

観や「当たり前」を批判的にリフレクションする場が少なかったということのほうが大きいのではないか、とわたしは捉えています。

リフレクションは、自分で行う場合もあれば、同僚や上司等からフィードバックやコーチングをもらって気づくこともあります。

教職員のなかには、保育園の送り迎えなどもあって、これまでの働き方を大きく見直す必要性に迫られる人も多いでしょう。もちろん、授業準備など、ある程度時間をかけないといけないこともありますが、長くやればいいというものでもない、ということを学びます。優先度を落とすものに対しては、断ったり、こだわりを減らしたりする試行錯誤もします。

一方で、そういう経験の少ない教職員は、長年染みついた働き方を変えようとはなかなかしません。校長や同僚も「ある程度の時間で帰りましょう」とか「家族のことも大切に」などと多少のコメントはするかもしれませんが、あまり言うと、その人の生き方を否定するような気がして、踏み込めないでいる。そういう学校も少なくないのではないでしょうか。

たとえば、みなさんの学校では、部活動大好きな教員に、部活動のやり過ぎは問題ではないか、と正面きって話をしたことはありますか?

わたしの偏見かもしれませんが、教員のなかには、児童生徒には「ちゃんと話し合おう」と言いながらも、自分たちは対話しようとしない人もかなりいるように思います。

確かに働き方は生き方とも関連深いですが、業務の必要性を考え直したり、仕事の仕方を変えようとしたりするのは、なにもその人の人格や過去を否定しているのではありません。異論や批判的な意見にももっとオープンな職員室であってほしいです。

「職員間で話し合う時間もとれない」と言う校長先生等も多いのですが、それは、**単に優先順位が高くないから**です。短縮授業や部活動の休養日にするなどすれば、時間はとれます。ある程度じっくり話し合わないと、わかり合えないことや気づかないこともあるはず。**働き方改革と言って、つっこんだ話をする場までもカットしてきたのだとしたら、問題だ**と思います。

ポイント解説 7 教職員の対話と参画

議論を尽くすこと

職員のコミュニケーションや合意形成で苦労しているのは、なにも学校だけではありません。企業のなかでも、新型コロナの影響でリモートワークが普通になって、つっこんだ話がやりにくくなったという話はよく聞きます（後述190頁のサイボウズなかむらさんとのクロストークも参考になると思います）。

ひとつの典型的な例は、企業の理念や戦略が、経営陣が思っているほどには従業員に伝わっていないという問題です。経営学者の清水勝彦氏は、戦略の企画と実行について、会社にはさまざまな人がいるので、すべての点で合意することなど現実的ではない。「**大切なのは、100%合意は出来ていないけれど、この方向で一つやってみようと『納得』できるかどうか**」であると述べています。[*12]

そして、そのためには2つのことが必要であると指摘します。第一に、「**議論を尽くす**こと」。「自分が議論に参加した場合はそうでなかった場合に比べ、より最終案に対して一生懸命取り組む」とのアメリカの研究結果もあるそうです。第二に、「**リーダーが『やらなくてはならないんだ』ということをきちんと伝えること**」、メンバーに「しつこく語りかけ、ここまで言われたらやるしかないと思わせる」ことです。

こうした助言は、かなり学校にも応用できるように思います。教育活動や学校の組織運営には多様な意見があってよい世界です。100%合意すること、言い換えれば、ベクトルが完璧に一致することなど、ほとんどありません。

重要なのは、共通の思いの部分を見つけて、ある程度の方向性を合わせて〝**ベクトルの和**〟**をとっていく**ような姿勢である、とわたしは考えます。

校長先生や教頭先生は、そのために自身の問題意識やビジョンをしつこく語り、また教職員でアイデアを出し議論を尽くすことに力を割いているでしょうか？　宮崎市のある中学校の校長先生は、年間100回近くも校長通信を出していました。これは教職員向けのもので、ウェブページなどにはあげずに、本音で語りかけるものです。けっして上から目線や指示・指導の類ではなく、生徒や教職員と日常的な会話のなかで気になったことや最近読んだ本の一節などを紹介していました。

Who knows What

わたしたちは、「情報の共有化」というと、組織やチームのメンバー全員が同じことを知っていることをイメージしがちではないでしょうか。しかし、一人があらゆることに知識や専門性をもつことはむずかしいですよね。Chapter2－1でも取り上げましたが、企業研究では「Know What」や「Know How」よりも「Know Who」のほうが大事なときもあることが知られています。

学校で言えば、教科に造詣が深い、生徒指導もよくできる、特別支援教育についても詳しい、心理学や学習科学の知見もよく知っている、ICT機器も使いこなしている、保護者との関係づくりもうまい、なんていうスーパーマン、スーパーウーマンはそういないですよね？　誰もが得意、不得意や知識のムラはもっています。

なので、たとえば「道徳の授業については、○○さんに聞いたら、詳しく教えてくれる」とか「ICTのことなら、彼女が詳しい」といった情報（Who knows What）が重要というわけです。

組織内の知の分布について知ることを、経営学では「トランザクティブ・メモリー・システム」と呼んでいます。Googleではオフィスの中にカフェ、バーのようなスペースがありますし、ビリヤードなどもできるそうですが、これもトランザクティブ・メモリー・システムを高めることをねらっている、とも考えられます。

＊12　清水勝彦『戦略と実行――組織的コミュニケーションとは何か』（日経BP社、2011年）188〜191頁

互いを知り、一人ひとりの知恵とアイデアを活かす校内研修

公立学校でも、カフェスペースなんてあったらステキだなと思います。学校という施設は、子どもたちのためを最優先で設計されていて、教職員のためのスペースを入れる、予算をかけるという発想がとても弱いのではないでしょうか。

一方で、日本の多くの小学校や中学校等では、伝統的に教職員の対話やコミュニケーションを大切にしてきた部分もあります。そのひとつが校内研修です。"Lesson Study"と呼ばれ、海外からも注目されていますよね。

しかし、まさにこの英語が示すように、授業についての検討が大半を占める校内研修が多いのではないでしょうか。授業の進め方や指導案については対話する。けれども、お互いの強みや授業以外のことについてはあまり知らない、という学校もあるのではないでしょうか。

■教職員が輪になって対話する「直小ミーティング」（筆者撮影）

先日訪問した新潟県上越市立直江津小学校の校内研修は、かなり毛色が違いました。

教職員が輪になって、和気あいあいと話をしていました。ときには笑いも起きながら。テーマはそのつど異なりますが、通常は授業研究ではありません。ある回では、コロナを吹き飛ばすような学校を楽

しくするアイデアについて、またあるときは、心理的安全性の高い職場にするにはというテーマでした(写真)。

直小ミーティングと呼ばれるこの校内研修の目的、ねらいは、校長便り（次頁）でかなりわかりやすく発信されています。一言でいえば「同僚性」を高めるということなのですが、お互いのことを知り、助け合い、ケアできる教職員チームになっていくこと、健全に意見やアイデアを述べながら、ベクトルを合わせて取り組んでいくことが企図されています。

でもヌルくない

直小ミーティングの目的＝温かい共同体づくり

直小ミーティングの効果として考えられること

1、　心理的安全性を築いて一人一人が尊重される職場（ホーム）につながる。
2、　自分の意見や経験を素直に発言し認められることで自己肯定感を高める。
3、　他者の意見や立場を理解し、自らの視野を広げて教師力・人間力を高める
4、　対話や意見交換によってコミュニケーション力を高める。
5、　合意形成にもとづいて一人一人が学校運営に参画し当事者になる。

直小ミーティングでめざす共同体とは？

『一人一人に学びと成長をもたらすアットホームな職場集団』
先生方にとっても居心地がよく、困ったときには互いにケアできるアットホームな職場
そのような職場集団であれば、課題に対しても「チーム」として対応できる。
→「温かいけれどもぬるま湯でない職場」→ベクトルを同じにした共同体

※付加価値として校内研究の充実にもつながる。（校内研究と職員研修の同軸化）
校内研究での「クラス会議」を活用しての学級づくりと考え方は同じ
同軸化のメリット→・学級で取り組むクラス会議を直小Mで共有体験できる。
・共有体験により実効性の高い校内研究に結びつけられる。

ベクトルを同じにした共同体イメージ

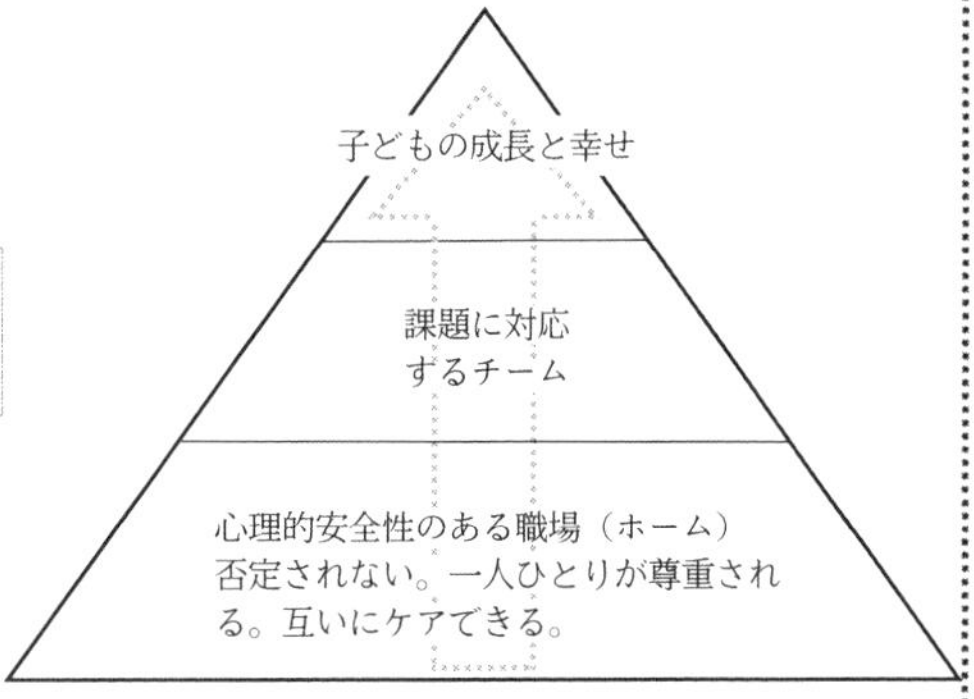

■直江津小学校校長便り

第2回 直小ミーティングの共有

6月27日は第2回の直小M参加ありがとうございました。

心理的安全性を築くために大切なことや必要だと思うことについてたくさん意見がでました。みなさんの意見から　是非　共有したいことを以下まとめてみました。

○共有したい理念
・互いに尊重する。自分の考えを押し付けない。他者の意見を認める。受け入れる。
相手を尊敬し社会的なマナーを踏まえる。時に目的達成に向けて意見が異なり対立してもよい。それは健全な対立（ヘルシーコンフリクト）としてより高い達成感につながる。

○コミュニケーションの場（時間・空間・環境の工夫）
・直小ミーティングや直小トークなどのフォーマルな場に加えて、日常的な職員間の対話（単なる情報交換だけでない）を大切にしたい。時にインフォーマルな飲み会やコーヒータイムなどを取り入れる。

○意識して取りたい行動
・援助行動（ヘルプスキルを上げる）困ったときはお互い様、ヘルプを気軽に出せるようにする。感謝の言葉は忘れずに！互いにケアして成長を促す。
・気軽に声をかけあう。相手への関心を示す。それが相手の存在を認めることになる。なぜなら直小にとって一人一人が無くてはならない存在である。それを行動で示す。

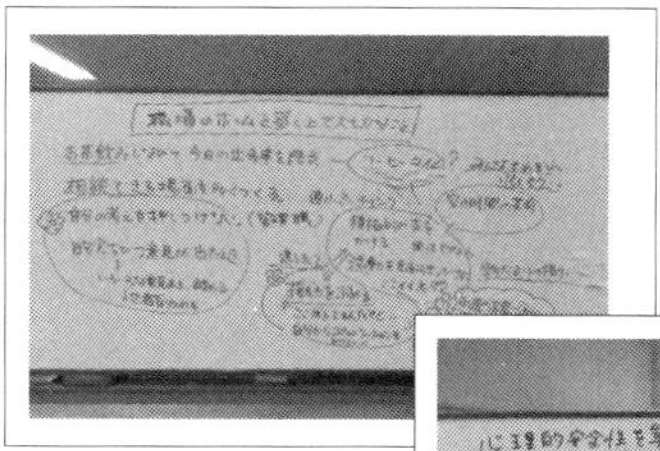

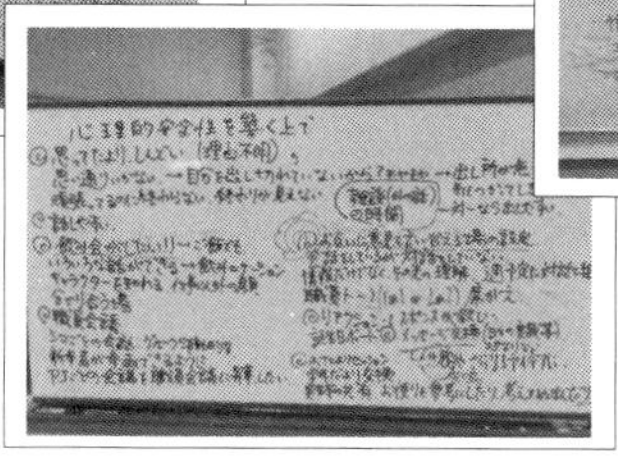

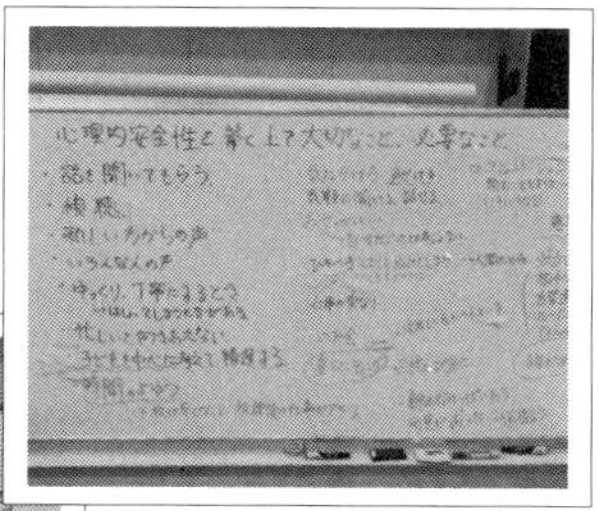

クロス×トーク
私ならこう考える

主体的で対話的な職員室にするためには

赤坂 真二 上越教育大学教授

元小学校教諭。2008年4月より現所属。教員養成に関わりながら各自治体、学校の研修等の講師を務める。著書に『アドラー心理学で変わる学級経営』（明治図書）他。日本学級経営学会（JACM）共同代表理事。学校心理士。ガイダンスカウンセラー。

お悩み

コロナ禍のコミュニケーションに悩んでいます

妹尾：コロナ禍の影響もありますが、「飲みニケーション」をはじめとするコミュニケーションがずいぶん減ってきて、職場が個業化に向かっているように感じるなかで、チームづくりにどう取り組んでいけばよいのか、というお悩みです。赤坂先生ならこのお悩みにどう答えますか。

「飲みニケーション」に頼る組織は危うい

赤坂：私も、先生方から飲みに行けなくなったり、コミュニケーションの場がなくなってきたりという話をよく聞きます。

でも一方で、妹尾さんも書かれているように、飲みニケーションに頼っている組織は危ういとも思います。まず、しっかりと生産的な話し合いができる組織があったうえでの飲みニケーションなら賛成しますが、飲みニケーションがないからうまくいかないというのは言い訳ではないかと考えています。やはり、校内研修やミーティングなどでの具体的なアクションが必要です。

妹尾：昔はよかったとばかり言っても仕方ないですが、職員でバレーボールをしたり、土曜日に授業があった頃は午後はゆとりがあったので雑談もしたりしていたことなどはよく言われますよね。昔と比べてコミュニケーションが質・量ともに低下して、個業化が進んでいるということでしょうか。

年齢構成のアンバランスによる職員室の空洞化

赤坂：私の感覚ではもっと深刻で、問題は先生方がそのことに自覚的でないということです。かつては30代後半から40代前半の、実践家として非常に機動力のあるミドル層が多くいたのですが、今はそこがすっぽり抜けてしまって、20代と50代が多くなっています。その世代間をつなぐ人がいないので、職員室も一体感が薄れ、空洞化してしまっているのではないかと思います。

妹尾：年齢構成のアンバランスがあって、話がしづらかったり、教頭や校長が忙しすぎてなかなか相談できなかったり。

赤坂：今、20代の方は、人を傷つけたり迷惑をかけたりするくらいならかかわらないでおこうという選択をする、「優しい世代」と言われていますが、管理職や主任層の先生たちが忙しくて大変そうだからといって、相談に行かないそうです。

また、教職10年目以下の先生方50人くらいに、今困っていることを聞いてみたところ、私たちが感じなかったような同僚の先生への不満や、管理職のパワハラなどがけっこうありました。それによってメンタルを病んでしまうという話が割合的に高かったですね。

妹尾：昔からそういうことはあったとは思いますが、より深刻になっている、あるいは悩みがだいぶ重くなるまで相談に行けなくなっているのでしょうか。

赤坂：重くなっても相談しないんです。そして休職してしまう。

妹尾：文科省のデータを見ても、この5～6年で20代、30代の精神疾患による長期療養者は1・5倍前後増えています。[①] 背景として、受診がしやすくなったということもあるかもしれませんが、他の世代よりも増えていることを考えると、やはり20代、30代の先生方が相談しづらくなっているということはありそうです。

赤坂：一方で、50代の方は受診する前にやめる選択をしてしまうことが多いそうです。20代は1回休職して治療し、治ったら復帰、治らなかったら退職となる場合が多いですが、50代半ば以降でしんどい状況になると、心を病むくらいならもうやめると言って早期退職されてしまいます。

コミュニケーションの優先順位が低すぎる

妹尾：そうなると、また教員不足が加速してより忙しくなり、どんどん悪循環になっていきますよね。そのようななかで、忙しくて話をする機会がなかなか持てないと言われる方もいますが、一方でそれは単に、そこに重きを置いていないだけではないかとも思っています。忙しいのはよくわかりますが、たとえば短縮授業にしたり、中・高であれば部活動の休業日を設けたりするなど、やり方はあるのではないかと思いますが、そのあたりはどう捉えておられますか。

赤坂：コロナの最初の緊急事態宣言の後、しばらく分散登校の時期がありましたよね。それが現場の先生方からとても評判がよかったという話を校長先生から聞いたので、アンケートで声を集めてみました。そうしたら、子どもたちが半分しか登校しないと、たくさんかかわることができて、子どもってこんなにかわいかったんだと改めて感じたというベテラン教員の方がけっこういました。

　同時に、職員室に目を向けると、たとえばみんなで短い年休をとって、少し長めのランチを取ることができたり、体育好きの校長がスポーツ大会を自ら企画して盛り上がったり、お菓子作りの得意な先生が家でお手製のケーキを振る舞ったりと、雰囲気がよくなったというんです。

　また、子どもたちも先生たちから急かされることがなくて、のんびりと笑顔で過ごすことができていたという声もありました。つまり、分散登校の時期は、学校がゆったりしていたのだと思います。

ですから、やろうと思えばできるけれど、その具体的なイメージがないだけではないでしょうか。むしろ、職員のコミュニケーションが大事だと本気で思っていないからできないのだと、私は思っています。そのことの優先順位が低いんですね。

妹尾：優先順位が低い、またはその課題認識があまりないということですよね。チームワーキングに取り組まれているサイボウズさんでも、1on1ミーティングをしたり、雑談を大事にしているということでしたが、やはり、今の困りごとや状況をざっくばらんに話したり、本音を引き出せたりする機会をつくることが大切ですね。

以前はミドル層も多く、コーディネーター的な人が職員室の中にいて、自然発生的に雑談ができていたのかもしれませんね。あるいは職場の忙しさも今よりはマシだったということもあって、管理職が何もしなくても、それなりに同僚性は高かったのかもしれません。

授業研究のあり方を根本から見直すべき

妹尾：校内研修のあり方についてはどう考えておられますか。授業研究会が大半を占める小学校等は少なくありません。授業研究会ももちろん大事ですし、否定はしませんが、毎月1回などの頻度で実施している場合には、もう少し減らして、お悩み相談会や若手の声を聞く、または業務改善のための時間を生み出す会議などにしてもよいのではと思っているのですが、赤坂先生はいかがでしょうか。

赤坂：基本的に授業研究会をすることには賛成なのですが、やるなら中途半端ではなく、徹底的にしっかりやるべきだと思っています。よくある授業研究会の流れとしては、研究テーマが設定され、研究主任が忙しい先生たちに頭を下げて1学期のこの日は○○先生お願いします、というふうに割り振りをしていきます。そうすると、なんのためにやっている

① 文部科学省「公立学校教職員の人事行政状況調査」（令和3年度）等を参照。

かわからない授業研究会となり、議論も深まらないし、教育実践の改善にもつながりません。手応えもないので先生方のモチベーションも下がり、「やって損した」と感じるものになってしまいます。

徹底的にやる方法としては、たとえば小学校ではファシリテーション型などがよいと思います。みんなでワイワイガヤガヤ話し合って、よかったことや問題点を出し合い、これが課題だから次の校内研究でこういうことをやったほうがいいかもね、と次の授業者に引き継いでいきます。それを1年間続けると、それなりの実績と積み上げが校内に残っていきます。

妹尾：たしかに、「やらないといけないから」とか「毎年やっているから」「お願いされたから仕方なく」では、やってよかったという効力感は低いですよね。

赤坂：そもそも、そのテーマが本当にその学校に合っているのかというところの吟味がほとんどないんです。「うちの学校はずっと国語をやってきたから国語をします」、みたいなことがよくあります。

妹尾：僕のような民間人からすると、授業研究会のテーマや検証したいことがかなりぼんやりしていることが多いように感じます。「学び合う子どもたち」などスローガンとしてはいいかもしれませんが、それで何を研究したいのかがあいまいな学校もあって、その辺は気になります。

赤坂：研究が研究の体をなしていないところもけっこう多いです。「学び合う子ども」「高め合う子ども」などと言っても、ではその「学び合う」「高め合う」とはどういう状態なのか、ということは定義されないまま、1年間実践だけが進んでいき、結局終わったときに「学び合うって何だったんだ」みたいなことになりがちですね。

妹尾：全国の小学校だけでも2万校近くあって、いろんな研究や実践、校内研修や公開研究があるなかで、その成果をほかの学校が参照する機会がほとんどなく、各々の学校がやるだけでおしまい、となってしまっているように感じますが。

赤坂：そこは非常に問題だと思っています。やれどもやれども積み重ねがないということですよね。そもそも、そこをめざしていないようにも思えます。私が小学校の教員だったときは全く感じなかったのですが、大学で研究という仕事に携わってみると、現場の実践研究には積み重ねの意識がほとんどなく、研究会が華々しく成功すればいいという思いでやっているように感じます。研究発表が見世物化しているんです。授業後の研究会も「よかったです」で終わって、研究紀要を見てもいいことしか書いていないので、再現しようとしても必要な情報がないことが多いです。

一方で、働き方改革で先生方の負担を減らしましょうといって、研究資料もどんどん簡素化していきますから、指導案と板書、ちょっとした授業記録くらいしかありません。

そもそも、今の時代は主体的・対話的で深い学びという、子どもの意欲や主体性が大事になってきているのに、研究授業の1時間で評価しようというのがナンセンスですよね。子どもたちがこのパフォーマンスをするために、これまでどんなことを積み重ねてきたのかを議論しなければならないのに、いまだに板書の仕方とか、あの発問で子どもが盛り上がった、というようなレベルの研究会もあります。

妹尾：なるほど。そういった校内研修や授業研究会のあり方、改善の余地については、これまでもいろいろな方が言われてきたと思いますが、それにもかかわらずここまでアップデートされていないのは、なぜでしょうか。

赤坂：私はよく「成長のダブルループ」と言っているのですが、本来は新規性のあるものを学んだうえで実践を積み重ねていくというように、勉強と実践のくり返しの8の字をつくることによって高まりは起こっていきます。しかし学校は、実践のなかだけで回っていることが多いです。そして、指導主事の先生からの「指導」を金科玉条のごとく一つのエビデンスにして進んでいくわけです。

でも、その「指導」が本当にちゃんとしたエビデンスに基づいているものなのかどうか、もしかすると個人の経験のみに基づいてよかったと言っているのではないか、ということもあります。

若手の意見を活かさない

赤坂：また、学校が若手の意見を活かさないことで「シングルループ」に陥ってしまっていると思います。学校現場では、若手は「できない人」というイメージで捉えられがちですよね。若手は「指導される側」。でも、たとえばＩＣＴの活用においては、若手のほうがはるかに知っていることも多いです。また、最近の教育技術に関しては若手のほうがよく勉強していたりもしますよね。ですから、若手の先生のほうがうまく学級経営をしている、などということもたくさんあると思います。

　でも、その若手の先生が言っていることや発信していることは、よほど目の開かれたコミュニケーション能力のあるベテラン教員でないと活かされません。若手が発信しても、潰されるか無視されるという状況もあって、そうするとやはり「ダブルループ」はできず、ベテランといわれる50代の「指導層」の人たちの意見でぐるぐる回っていくことになり、どんどん沈下していってしまいます。

妹尾：若手や異動してきたばかりの方、あるいは民間等から転職してきた方など、教職員の多様化は進んではいると思いますが、一方でそういった方たちがフレッシュな目線で、しがらみや過去の経緯に基づいた前提を疑ってみて、「なぜここまでやるんですか」とか、「学び合う、高め合う学級づくりって、どんな意味でしたっけ」みたいなことを言ってくれると、改めて深めていくこともできると思います。ところが、そういうことを言い出しにくかったり、言ったところであまり反映されなかったりするのは、もったいないですね。

お悩み

職員室でつっこんだ話ができません

妹尾：これは事務職員さんからのお悩みですが、働き方改革について教員を見ていて、積極的に進めていきたい人と変化を嫌う人との二極化が進んで、間をつなぐバランサーがおらず歩み寄れていないというお悩みです。先ほどの「シングルループ」と「ダブルループ」のお話にも関係すると思いますが、「本当に今のままでいいのか」とか、「もっとアップデートしたほうがいいのでは」ということについて職員の間で対話や議論がされていないということだと思います。

他のクラスで何が起きているかもわからない

赤坂：橋渡しする人がいないから二極化していくということですよね。だから先生方が自分たちの大切なものや考え方を交流する場、おしゃべりの機会が極端に減ってしまっているんです。結局、人間が理解し合うためには何か話を始めなければなりません。話す場がなければ、理解など進まないわけです。

先ほども言いましたが、かつては土曜日の午後が、若手がベテランにざっくばらんに質問したりできるとてもよいOJTの時間になっていました。学校が5日制になったことで、それまで6日でやっていたことを5日でやることになり、さらに学校の業務が増えて、日数は減ったのに中身が増えたという状況で、ぎゅうぎゅう詰めのカリキュラムになっています。

そういうなかで、ベテラン層は自分の家族のことも含めていろいろ抱えていますし、校務分掌もたくさん抱えているので、若手に構っている時間がない。そういうベテランを見て、若手たちもベテランと話そうという気持ちすら起こらないんです。

妹尾：僕が現場の先生方に「なんで先生をめざしたんですか」とか「今の職場でちょっとおかしいなと疑問に思うことはないですか」などと聞いてみると、年齢を問わずけっこうたくさん話してくれる方も多いです。でも、そういう話をほかの先生方としたことがなかったという人もけっこういます。

赤坂：うちの大学院に来ている現職の先生方にも、職員室では授業の進度とか事務的なことばかり話して、子どもの話をしたことがないという方が多くいます。どのクラスで何が起こっているかなどが見えないんです。

妹尾：生徒指導などの大きい問題は共有するけれど、日常的な話や学級とか子どものことがあまり共有されず、また知ろうともしないために、一つ目のお悩みの「個業化」につながってしまうんですね。

赤坂：校内研修の話に戻ると、校内研修がしっかりと機能している学校の場合は、その校内研修が先生たちの共通の話題になって、休み時間などに「あれはどうしてるの」とか、「これがなかなかうまくいかないんだけどどうしたらいいかな」などの共有が、職員室のコミュニケーションのなかで起きているそうです。

妹尾：やはり、それほど多くの時間はかけなくてもいいから、ちょっとした雑談の場を意図的に設けてみるというのが鍵になりそうということですね。

支援者が複数いることがバーンアウトを防ぐ

赤坂：若手教員のバーンアウトについて研究している院生がいるのですが、教職2年目はけっこう危険な時期だということです。1年目は初任研などをはじめ、いろんなフォローアップがありますが、2年目になると自分でできるでしょ、と言って教えてもらえなくなってしまうので。

その院生が事例研究のなかで出会った教職3年目の先生は、すごく自信をつけてがんばっているのですが、それはその学校の教頭先生が目配り・気配りをよくしてくれているからということも大きいようです。またその学校には、ベテランでよく話や愚痴を聞いてくれて、心のケアをしてくれる先生もいました。そしてさらに、となりの席に年齢が近く話しやすい方もいて、そういうなかでいろんなストレスを軽減していた。

つまり、コミュニケーションを取れる複数の人たちが職員室に定常的にいるという状態がすごく大事なのだと思います。支えてくれる人が複数人いると、当人の職場適用が非常に促されるということは、調査等からも見えてきています。

妹尾：確かに、教頭任せとか指導教員任せなどになると、その人が忙しい状態だと話しかけづらくなってしまいますし、特定の人にお願いしてその人とうまく合わない場合もあるでしょうから、支えてくれる人が複数いたほうがうまくいく可能性が大きいということですね。

職員室は主体的で対話的か

赤坂：それとは真逆に、たとえば3人の学年団に新任教員が入ってきた際に、学年会で目を合わせないとか、声をかけずに無視をするというようなことがあって病休に追い込まれてしまったなどという事例もあります。つまり、職員室の人間関係について、校長先生をはじめ先生方みんなでちゃんと真剣に向き合ったほうがいいということです。先生方は「子どもの居場所」とは言いますが、自分たちの職員室の質についてはあきらめていて、そこに手を入れようという意識が弱いように思います。

このお悩みの相談者のように、事務職員の方は客観的に先生方を見ているので、もっとこうしたらいいのではという提案ができると思いますが、一方で事務職員が職員室にどのくらい影響力を持っているかというと、むずかしいところではありますよね。

妹尾：新任教員を無視してしまうというのは、ビジネスパーソンとしてどうかと思いますが、先生方は意見を言い合うのがあまり得意ではないと思うときはあります。異論や少し違う視点のアイデアを言ったりすると、面倒な人と思われたり、あるいは人格を攻撃しているわけではないのに仲が悪くなったりということもあって。価値観が違うのは当たり前と受け止めて、もっと対話できるようにしたいです。

赤坂：今は「いいね、いいね」コミュニケーションがすごく増えたと思います。逆に言うと、「いいね、いいね」としないと、職場がもたないんですよね。

職場のケアの機能を高めていく

赤坂：職場の組織というものは、目標達成機能と集団維持機能のパフォーマンスとメンテナンスのバランスで成り立っているものです。日本の学校のメンテナンス機能はこれまではわりと保障されていたと思いますが、全国学力・学習状況調査が始まって、成果主義になってきたあたりから、どんどん学校がギスギスしてきて、目標達成機能が強まり、一方でメンテナンス機能がすごく弱くなってきたという背景があると思います。そしてコロナ禍がそれに拍車をかけました。

妹尾：確かに。そこは昔ながらのＰＭ理論②ですよね。おっしゃるとおり、コロナの前からあった問題が、コロナを経てより明確に、そしてよりひどくなってきています。そういうなかで、やはり職場のコミュニケーション、メンテナンスの優先度をもっとあげていくために、意図的に対話や議論をする場をつくるなどの努力、工夫が必要ですね。

赤坂：職場のケアの機能がすごく低下してきたのが、この10年、20年くらいではないでしょうか。学校は、「先生たちは心を病まない」という前提で設計されているように思うんです。先生が我慢することで職業が成り立っているようなところもあって、受診のしやすさとか病院の紹介の仕組みなどが民間企業などと比べてとても遅れています。

妹尾：確かに、教職員の精神疾患による病気休職者数は5000人くらいの状態が10年以上続いていて、それはこれまでのメンタルヘルス対策があまりうまくいっていないということの表れだと思います。どこがうまくいっていないのかを教育行政は検証していく必要がありますし、各職場でも、もっと何が必要なのか話し合って、予防や早期対応につなげていく必要がありますね。

学級経営でのマネジメントを職場づくりに活かす

妹尾：先生方が学級経営で気をつけていることと、職場づくりで気をつけるべきことは、かなり共通しているのではないでしょうか。

赤坂：おっしゃるとおりで、学級経営における教師のリーダーシップは、「養い機能」と「引き上げ機能」の2つで整理されています。学年が下がるほど、養い機能はすごく大事になります。集団としての体力等が弱っているときには養い機能をしっかりと充実させて、目標に向き合えるようなエネルギーをためていくということを、学級担任は自然にやっているんです。それも、一律ではなく、この子にはこういう感じ、また別の子にはこういう感じ、と丁寧にやっているのですが、職員室ではそういったマネジメントが雑なのではないかと思います。ただ、問題は校長先生が学級経営をちゃんとできていたのかということになっていくのですが……。学級経営というのは、何をどれくらいやればいいかが明文化されておらず、どんなことをすればよい集団になるかという知見が共有されてきていません。

若手教員が管理職に望むこと

妹尾：若手の先生たちに対して、管理職はこれからどうかかわっていくのがよいのでしょうか。

赤坂：若手の先生たちに管理職に望むことを聞いたところ、まず一番多かったのは話を聞いてほしいということです。そして、聞くときには共感的に聞いてほしいとか、否定しないで雑談するように話をしてほしいとか、指導されるのはいいけれど、まず受容と傾聴をしてほしいということでした。

妹尾：そもそも、今はそういう機会がないんですね。

赤坂：そういうことですね。ほかには、新しいアイデアを出したらそれを否定するのではなく、まずは新奇性を歓迎してほしいという声もありました。全部受け入れなくてもいいけれど、少しでもいいので受け入れてほしいということですね。若手からは、管理職は要求ばかりしているように見えるようです。

妹尾：なるほど。

赤坂：それを求める一方で、率直に伝えてほしい、見通しを持ってビジョンを示してほしい、校長が考えていることを見える化してほしいなど、引き上げ機能の部分も望んでいます。ですから、若手はけっしてぬるま湯のなかにいたいとだけ思っているわけではありません。シビアに自分の仕事を、自分の能力を高めたいと思っているところもあります。

妹尾：無理な働き方で体を壊してしまうというのはもちろん問題ですが、一方で早く帰れても成長している実感がないという職場も問題ですよね。仕事を通じて子どもたちからも同僚等からも学んで、教職員として成長し続ける、あるいはチャレンジしたいというところがどんどん認められる職場であること

② リーダーに求められる行動に着目した行動理論の一つで、「P：目標達成機能」（Performance）を重視するか、「M：集団維持機能」（Maintenance）を重視するかという、「P」と「M」の2軸で定義しています。

が必要ですね。

赤坂：職場にフィードバックがないんですよね。若手もそうですが、ベテランも自分がやっていることが方向的に正しいのか間違っているのか、どれくらいできているのかなどについてフィードバックがないそうです。若手は話したいとは思っているんです。話したいことはあるけれど、それを聞いてもらえる仕組みがないのです。

こういうことを言うと、じゃあ若手の意見を吸い上げればいいんだな、とおっしゃる管理職の方もたまにいますが、私は「吸い上げる」という発想でいる限りはもうダメだと思うんです。「一緒に学校をつくる」くらいの感覚がないと、今の若手たちには見抜かれます。

もちろん、学校が公的な組織である以上、教職員の意見を聞きながらも、触らせられない部分はあると思います。何でもすべて教職員の意見でつくっていくことはできませんが、たとえば、自分がかかわったことでプロジェクトが動いたり変わったりした、というような実感を若手が持てるような取り組みはできるのではないでしょうか。

妹尾：教職員のエージェンシー[③]と自己効力感を高めるという体験がもっと必要ですね。若手教員に問題意識や成長意欲があるというのはグッドニュースだと思いますし、若手・ベテラン問わず、学校づくり・職場づくりにいろんな人の声や力が生かされていくということが改めて重要だと思いました。ありがとうございました。

③　主体性やリーダーシップという概念にも近いですが、違いもあります。「変化を起こすために、自分で目標を設定し、振り返り、責任をもって行動する能力」と説明されることが多いです。

3 中堅世代が職場に少なく、なんでも仕事が回ってきます

お悩み

私は今、中堅と言われる世代ですが、職場に同世代が少なく、なんでも仕事が回ってきます。5年生40人のクラス担任をはじめ、校内研修の担当や主任の仕事、市町村主体の研究会の主任まで、とにかく多いです。何より、職場の仕事量の偏りがひどいです。仕事に誇りはもちたいですが、何でも屋にはなりたくないです。教科指導に専念したいと、もがく毎日です。企業のように歩合制にするならモチベーションが上がるかもしれません。

（九州、小学校、教諭）

業務量の調整は誰が行うのか

本当に大変な日々かと推察します。体調を崩されたりしていないでしょうか、心配です。

まず、わたしから申し上げたいのは、職場のなかで業務負担の不均衡がひどいという問題は、相談を

寄せていただいたご本人（あなた）のせいではなく、マネジメント（主に校長、教頭）の責任である、ということです。

一般論として、教職員間の水平調整はむずかしいです。「○○先生、いまヒマでしょう？　私、仕事多いから、ちょっとこれやってよ」と言える先生はどれだけいるでしょうか？　とりわけ、年上に言うのはむずかしいですよね（にもかかわらず、給料は向こうのほうが高い）。それに小学校では、授業の空きコマも少なくて、どの先生も相当忙しくしていることでしょう。教職員間の自発的な業務量調整にはあまり期待できません。

管理職が現場に配置されている意味のひとつは、ここにあります。**教職員の健康を守るため、時には憎まれ役になっても、仕事量を減らしたり、業務量の調整を行ったりする。**

たとえば、わたしが以前いたコンサルティング会社でも、うまくいっていることばかりではありませんでしたが、残業がひどい社員には、部長が半ば強制的に仕事を剝《は》がすこともありました。

なかなかNOと言えない人は

ですから、まずは管理職に相談してほしいです。在校等時間のデータもありますから、「このままの仕事量を続ければ、過労死リスクが高いです」と訴えることも必要かもしれません（繰り返しますが、本来は言われるまでもなく、管理職が動くべき問題ですが）。

しかし、管理職があまり動こうとしないのであれば、ご本人の選択肢は2つです。ひとつは、一部の仕事は断ったり（NOと言う）、ほかの人に任せたりすること。もうひとつは、軽重をつけること、言い換えれば、一部は手抜きをすることです。

まず一つ目についてですが、おそらく、ご本人としては、不満はありながらも「私がやるしかない。ほかにやってくれる人はいない」と思っているのではないでしょうか。または、職場で若手教員が多くて「人と分担するくらいなら、自分でやったほうが早い」と考えているのかもしれません。

こういう発想は、仕事のできる人にありがちなのですが、あまりオススメしません。いつまでも手離れしませんし、周りも育ちません。それに実際、多重債務者のように、たくさんの仕事を抱えた先生が過労死している事案が多くあります。[*13] 繰り返しますが、この先生の健康、本当に心配です。

そこで、まずは、**仕事を分解してみてください**。たとえば、研究会・研修会の実施について分解すると、①全体の企画、②会場の確保、③講師、発表者等の調整、④当日の運営、⑤成果のまとめなどがありますよね。これらのうち、本当にあなたにしかできないものはなんでしょうか。若手であってもできることもあるのではないでしょうか。

当面は、教える手間やミスがないかチェックする面倒さなどもあるとは思います。けれども、周りの先生もできるようになれば、徐々にあなたの仕事量は減るはずです。

＊13　詳しくは妹尾昌俊・工藤祥子『先生を、死なせない。――教師の過労死を繰り返さないために、今、できること』（前掲）にたくさんのエピソードと調査結果を掲載しています。

「イヤ、本当に人がいないんだ、分担なんてできないんだ」という学校もあるでしょう。その場合は、二つ目の選択肢。一部は手を抜くという方法がよいと思います。多大な時間をかけても、90点のものを100点近くまでもっていくのは、すごくむずかしいです。それよりも、限られた時間で80点クリアーをめざす。

おおよその所要時間を決めて、取り組むのがよいと思います。時間は有限ですので。手抜きというと、語弊があるかもしれませんが、この仕事は1時間以内でがんばるぞなどと決めて、そのなかでなるべく成果を出す。

最後に、もうひとつ気になることを。あなたは、がんばり過ぎているのではありませんか。なのに、周りはあまり評価してくれない。そんなところも不満の背景にあるかもしれません。管理職も周りの先生も、もう少しお互いの仕事ぶりを見て、感謝の気持ちを伝えてほしいです。

Chapter 5

教育委員会のやり方に納得いきません

1 教育委員会が示す学力向上対策に納得がいきません

お悩み

市

教育委員会と県教育事務所が示す学力向上対策に納得がいきません。全国学力・学習状況調査や県学力調査での本市の正答率が平均より低いという理由から、とにかく数値を上げることを目標として一方的な取り組みを示してきます。「全国学調の過去問をとにかくやる」「毎日、宿題を出して必ず提出させチェックする」「人事評価の個人目標を県で指定する」などをすべての学校に一律に求めています。

（九州、小学校、校長）

選択肢は3つ

よくぞ今回のお悩みをお寄せいただきました！

教育的な意義、意味、効果のよくわからない施策が一部に幅をきかせています（Ｃｈａｐｔｅｒ３も参照）。あるいは、学校側がこれをやりたい、挑戦したいと言っても、ストップをかけてしまう教育委員会もあります（たとえば、休校中でのＩＣＴ活用をめぐって）。もちろん、そういう教育委員会ばかりだとは申し上げませんが、もっとちゃんと仕事をしてほしい。学校と子どもたちをよくすることに、時間とエネルギーを使ってほしいです。

さて、今回のような市教委等の対応について、校長先生がとることができる選択肢は大きく３つかと思います。①黙って従う。②戦う（意見する、変えるよう働きかける）。③面従腹背する。読者のみなさんが同じような状況だったら、どうします？

お悩みをお寄せいただいた方は①はイヤだということだと思うので、以下、②の方法を考えてみました。

根拠を確認せよ

「戦う」といっても、別に殴る、蹴るの世界ではありません。**健全な意見の対立や衝突は、組織の学習や改善にとって有効**です。ですが、これができない大人があまりにも多い。子どもたちに〝主体的で対話的で〟なんて言う前に、わたしたちは範を示せているでしょうか。
さて、本件で仮にわたしが「戦う校長」だったとしたら、次のステップを重視します。

ステップ1　ねらい、目的を確認する

第一に、市教委等のねらい、目的を丁寧に（なるべく丁重な物言いで）確認します。学力調査のスコアをともかく上げたいのか（首長や議員からそういうプレッシャーがかかっているなど背景はさまざま）、それとも学習の定着、学力の底上げ等を図りたいのか。

ステップ2　根拠、エビデンスを確認する

第二に、では、その目的を達成する手段として市教委等が「指導」している、過去問を何度もやるとか、宿題を毎日出させてチェックすることが有効であるという根拠、エビデンスはあるのか、確認します。似た話として、ある中学校の校長先生は、教委が「授業スタンダードを遵守せよ」とうるさいので、「それが学力向上につながるっていうエビデンスがあるんだったら教えてくださいよ。ちゃんと効果が認められるなら、うちでもやりますけど」と反論しました。なかなかここまで度胸の据わった校長先生は珍しいかもしれませんが。ときには異論を唱えることが重要だということは、戦前の学校教育の反省を見ても明らかですよね。

ちなみに、宿題については、ジョン・ハッティ『教育の効果――メタ分析による学力に影響を与える要因の効果の可視化』（山森光陽訳、図書文化社、２０１８年）などにも紹介されていますが、海外の実証研究のなかには、小学生段階では、学習効果がうすいばかりか、むしろ誤った学習習慣を身につけさせてしまう危険性もある、というものもあります。たとえば、宿題が苦痛で勉強嫌いになったり、漢字の書き取りで偏《へん》だけまず書いてみたりするのは、逆効果ですよね。

ステップ3　自分の主張をサポートする情報を確認する

第三に、二点目とも重なりますが、自身の学校の実情や自分の主張をサポートするデータ、識者の見解などがあったほうがよいです。たとえば、「塾に通っている児童は学校の宿題もあって、夜10時過ぎまで勉強している。ブラック企業のような日々を小学生に強いたくない」など。

ステップ4　法的根拠を確認する

第四に、法的な根拠です。おそらく**強制できる権限は市教委等にはない**はずです。ここまで来ると、やや喧嘩腰になってしまうかもしれませんが、具体的な教育内容については個々の教員に裁量があるし、その教員を指揮・命令する広範な権限は校長にあるとされているので（学校教育法）、過去問をする／しない、宿題をどうするのかなどは、学校裁量ですよね、という確認です。

おそらくここまで来ると、「そこまで校長先生がおっしゃるなら、各校の実情に応じてやってください」という感じでおさまるんじゃないかなと思いますが、甘いですか？

うまくいかないときは、③面従腹背でいいと思います。それをするうえでも右記のステップで確認したことは役立ちます。

2 なんでもそろえようとすることに、違和感があります

お悩み 6

学年の主任です。規律を重視し、「全員で同じようにそろえる」ことを重視する雰囲気の学校と教育委員会の姿勢に疑問を感じています。管理職はもちろん、周囲はみな、「古きよき日本の教育」をよしとする考えが圧倒的多数です。そんななかで、どのように学級経営、学年経営をしていけばよいか。一方で、「学力」が落ちることや、他クラスや校内でのバランスなども気になっています。（九州、小学校、教諭）

教育改革は校門の前で止まる

お悩みでお寄せいただいたことは、たとえば、「授業中はみんな、ちゃんと座って、黙って先生の言うことは聞くものです。それが小学校です」といった指導を、各クラス徹底せよ、と教育委員会や校長等から言われている、ということでしょう。

また、別の中学校で聞いた話ですが、授業中に生徒が質問したことを「不規則発言」と呼ぶ教員がいるとのこと。「なにをもって不規則と断言できるのか?」「教員からそう思われていると生徒が知ったら、どう感じるだろうか?」と疑問だらけですが、先生にとって都合のよい発言ばかり求めていることの現れかもしれません。

これらを「管理教育」などと呼ぶと言い過ぎかもしれませんが、**子どもたちを押さえつけようとしているのではないか**、と感じる事例はいろいろあります。

「個別最適な学び」などと文科省、中教審は言うわけですが、一部の教育現場では、そんなことおかまいなしです。ある校長先生は、「教育改革は校門の前で止まる」と言っていました。おそらく本書の読者は、昨今の教育改革の理念や事例をよく知っているので、上記のような昔ながらの指導は、時代遅れになっている側面もあるのではないか、と思われるかもしれませんが、校長先生や教育長がアップデートできていないと、やっかいですよね。

目的と手段をちゃんと考える

ただし、必ずしも二項対立ではありません。学校は学習するところですから、一定の授業規律は必要ですし、授業中、他の児童生徒のジャマになるような行動にはしかるべき指導をするべきでしょう。ですが、それならそう言えばよいのです。大阪市立大空小学校(映画『みんなの学校』の舞台)での約束はひとつだけでしたね。「自分がされていやなことは人にしない、言わない」。

「手はお膝、お口はチャック」などというルールや指導の必要性は、わたしは低いと思いますし、きまりや校則を守らせることが暴走している一部の事例にも、似た問題があると思います。

わたしは法学部出身のためか、ごく自然な発想なのですが、**物事を目的と手段で分けて、検討する**必要があります。

まず目的が妥当かどうかや、必要性が高いかどうか。そもそも、目的が曖昧《あいまい》なまま、あるいはちゃんと説明されないままに、手段を押しつけてくる人がいるのは、困ったものです。

今回のお悩みに戻ると、「授業規律を高めて、学習に集中しやすい教室をつくる」といった目的であろうと推測できます。これは前述のとおり、確かに必要だなというときもあると思いますが、常にそうかと言われると、そうとは限らないのではないでしょうか。

たとえば、1人1台端末などを利用しつつ、児童生徒がめいめいに、ワイワイ、ガヤガヤしながら探究している姿は、一見学級崩壊に近いようでもありますが、そういう時・場面があってもいいでしょう。つまり、授業規律は必要なときも多いですが、それは一斉授業を前提としていたときに支配的だった考え方なのかもしれません。

次に、手段の妥当性です。目的の達成に必要で有効な手段なのか。コストが大き過ぎたり、児童生徒への悪影響が大きかったりなど、マイナス面はどうかを検討します。本件に照らすと、何でもそろえようとしたところで、本当に子どもたちは学習に集中するのでしょうか？　正直、つまらない授業だったら、形式的にそろえたところで、身に入っていないでしょう。

また、「○○スタンダード」といったものが各地で推奨されていますが、それが本当に学力向上につながったというエビデンスはあるのでしょうか（逆に、あまりそろえなかったら学力が低下するのでしょうか）。

さらには、あまりにも管理を強化すると、学校や教室に行きづらい子を増やす、また、「児童生徒の主体性などどうでもいいのだ」という暗黙のメッセージを発している（隠れたカリキュラム）など、副作用のほうが大きいように思います。

6年生の主任の先生ということですので、まずは6年生からだけでも、話し合ってみてください。本当に子どもたちのためになるのはなんなのか。場合によっては、疑問や問題点（例：厳しい指導で子どもが学校をイヤだと言っています）を保護者から管理職に伝えてもらうという手もあると思います。

クロス×トーク
私ならこう考える

なんのためかを問い、学び続ける校長に

森 万喜子 ・ 三浦 清孝
元北海道公立中学校長　京都市立岩倉北小学校長

お悩み
自分のやり方を変えないベテランの先生をどうアップデートすればいいですか

妹尾：教頭先生からのお悩みで、自分の考え方ややり方を変えようとしない年配の先生をどうアップデートできるか悩んでいますとのことです（Chapter3－1を参照）。こういう問題は、学校に限らずどこの組織でもありますよね。森先生、三浦先生だったら、このような先生にどう働きかけますか。

まずは、人の強みをつかんで褒める

森：私も最近、働き方改革を進めていきたいのに、やり方を変えずに自分のやり方にしがみつく、そういう「変えられない人」への対応について質問をいただきました。

学校の先生の特性や習性だと思うのですが、上から言われたことをそのまま受け入れてそのままやりますという人は、学校には少ないと思います。とくに、ベテランの方々には専門職としての矜持がある。

森 万喜子 元北海道公立中学校長

1962年北海道生まれ。千葉県千葉市、北海道小樽市で美術教員として中学校で勤務。教頭職を7年勤めた後、小樽市立望洋台中学校長、小樽市立朝里中学校長として勤務。前例踏襲や同調圧力が嫌いなのは生まれつきか、美術科ゆえのマインドか。校長就任後、兵庫教育大学教職大学院教育政策リーダーコース修了。猫と文房具が好き。

三浦 清孝 京都市立岩倉北小学校長

1989年京都府立舞鶴養護学校（病弱）で採用。その後長岡京市の小学校で勤務後、京都市に転籍し、2013年に岩倉北小に教頭として赴任、2017年より同校で現職。「自走自在」を校是とし、いかなるときも児童が主役のキャリア教育・特別活動を学校総体ですすめている。

だからこだわりも強いし、みんな一緒に、一律にとか、上司の命令だから従うということにすごく抵抗感のある人が多いんです。全員ではありませんが。また、褒められたり認められたりしたいけど、ストレートに自分を売り込んだり表現したりできない、「こじらせている」人も中にはいます。そうすると、自分とやり方が違う人を非難したり、排他的になってしまったりすることもあるかもしれません。

「年配の人たちが自分を変えない」というのもそういうことが関係しているので、「先生のやり方はもう古いです。今はそんな時代ではないので」などと言ったら、意固地になって、ますます変えられなくなってしまいます。

ですから、私は手段についての議論はあまりしないほうがいいと思っています。やり方はそれぞれあるので、めざす本質が同じであればそれでいいよね、とよく言うんです。そして、何かを変えたいときや新しいことを滑り込ませたいときは、上から言って変えさせるのではなく、たとえば「教員の働き方改革マニュアル」をつくったりして、「先生のようなベテランの人はこんなものを読まなくてもご存知だと思いますが、これから来る若手教員は、知らないと困ると思って言語化したんです。だから、これを見て何か気になることがあったら教えてください」と言うと、相手も変わりやすいと思います。こういうちょっとした工夫も必要です。

そしてそのためには、知見の深さなど、ベテランの先生のすばらしさを把握しておく必要があります。そういうことを知らないまま上からものを言うと、対立や対決になってしまいます。

妹尾：なかなか正論だけでは、人は動かないところがありますよね。学校は個人商店の集まりみたいなところもありますしね。それぞれが主張しすぎて、まとまらなかったりします。

森：私もよく、学校は屋台村の店主だと言っています。やっぱり、人の強みをつかんで褒めつつ、変えていくことですかね。

妹尾：確かに、いきなり批判的に伝えると、相手もシャッターを下ろしてしまうので、まずはいいところや共感できるところを共有したうえで伝えるのは賢いやり方ですよね。そうすることで、敵ではないことも伝えられます。

森：ベテランには「すごいすごい」と言いながら、「でも、今の若い先生たちは先生みたいな蓄積がないから、なかなかできないんだよね。だから、こうやったらいいかなと思うんだけど、どう思う？」と相談してみると、うまくいったりします。

妹尾：なかなか、森先生のようにうまく伝えられないという先生もいるかもしれませんが、そのほか、伝える際に意識されていることはありますか。

森：「そうすると、この場面で困っちゃう子が出るんじゃない？」「これって子どもたち苦しくならないかな？」など常に疑問形で投げかけるようにしています。考えてもらって、納得してもらえるように、話し方や視点などには気をつけています。一緒に考えていい結論を出して、「ちょっとやってみようよ。ダメなら変えればいいじゃん」という、ゆるさや許しがありつつというスタンスで接しています。もちろん、よほどひどいことがあったり、はっきり伝えたほうがわかりやすいときは「ダメです」と言いますが。

まずはよさを生かすことから

妹尾：三浦先生は、アップデートをしようとしない先生にどう対応されますか。

三浦：中学校と小学校で違いがあると思いますが、小学校はとくに学級があり、完全に個業が成り立つので、口を挟みにくいということはすごくあります。

ただ、気になるのは、教頭先生ががんばってベテランの先生をアップデートしないと！と思うことが、本当に必要なのかということです。もちろん、アップデートをすることは大切ですし、してほしいと思いますが、指導がしっかりできていたら、それでいいのではないかなとも思います。

全員一律で何かを求めてしまうと、管理職としてしんどくなると思うんです。ですから、まずその人のよさを生かしていくことが必要だと思います。「アップデートする」というのは、その人のよさではなく、課題を見てしまっているということではないでしょうか。

森：そう思います。

三浦：その人のよさを見るということは、多様性の理解にもつながります。教師はこうでないといけないという型にはめて、「あなたはアップデートしていないからしなさい」なんて言われたら、カチンときますよね。その人はこちらが思っていないアップデートをしているかもしれないのに、こっちがしてほしいアップデートをしていなかったら、「あなたはアップデートしていませんよ」という見方をしてしまうのは危険です。ベテランになるまでずっと教員を続けられている背景には、やはりその人のよさがあるはずで、それをしっかり見つめていくことが大切です。

一方で、小学校ではとくに、そのよさが学級での「個業」につながってしまうことがあるので、そうならないようなシステムに変えることも必要です。うちの学校では、学級担任を置かずにチームで見るシステムに変えました。

岩倉北小学校のチーム担任制の実践

妹尾：チーム担任制の実践について、くわしくお聞かせください。

三浦：コンパクトに言うと、中学校の学年担任制と保育園の複数担任制のよさを小学校に導入するという感じです。中学校にも学級担任はいますが、全責任を担任が負うということにはなっていないと思います。また、保育園のように全員の先生が保護者に声をかけるような学校になったらいいなと思い、それを小学校でもやってみたくて。

　小学校の学級担任制では、子どもと教師の1対1の関係がすごく強くなってしまいます。それがうまくいかなくなっても誰も入れませんし、その関係を死守することをよしとしている教員もいます。チーム担任制を導入したのは、そうならないようにするためと、子どもたちを多面的に理解したり、多様なかかわりを持てるようにするためです。1、2年生を一つのまとまりとして、各学年2クラスずつで合計4名のチーム担任が、4方向から子どもにかかわるようにしています。

　また、「力のある教員」が自分の学級だけに力を注ぐと、そのクラスは得をしますが、一方で得をしないクラスも出てきます。それがわかっているのに、このままの学校経営でいいのかと思ったのも、チーム担任制にした理由の一つです。その先生の持っている力を、2学年4学級すべてに向けられるようにしました。

　さらに、うちは新任が多い学校なので、若い先生方の学ぶ機会を増やすためということもあります。また、常に学級をオープンにして、複数の担任が出入りするようにしておくと、学級が荒れるのを防ぐこともできます。子どもたちを4人の教員が見るので、たとえば若い教員が子どものちょっとした変化に気づくことができなくても、他の3人がいることで見逃さなくなります。保護者に関しても、「この担任、苦手だな」という場合は他の担任が対応することで解決できます。

　先ほどのお悩みに関連して話すと、チーム担任制にすることで、それぞれの教員の手のうちが全部わかるんです。学級担任制だといくらでもズルやいい加減なことができますが、みんなでかかわって、授業もみんなでするとなると、そうはいかなくなります。このように、システムの面を変えていくことで、アップデートをしてほしい人にも刺激を与えられると思います。

従来の1対1の固定化もすばらしい部分はあったのですが、それをその学級だけにとどめてしまうというのは、改めていかなければと思います。すばらしさを全体のすばらしさにしていくために、これまでのシステムを一旦なくすことにしたのです。

妹尾：先ほどの1、2年生の例で言うと、先生方は1、2年生の担当という位置づけになって、一部教科を交換したりするけれど、メインで担当するクラスは決まっているということでしょうか。

三浦：そうです。固定制ではなく、定期的に入れ替わりをしますが、メインで担当しつつ、もう一方のクラスと授業を交換したり、国語科の授業ではコースをシャッフルしたりしています。教科を単元ごとに担当するなど、教員がどんどん回っていくこともありますし、みんなで一緒にやったり、ときにはクラスを固定でもったりすることもあります。多種多面を実現し、子どもも教員も伸ばしていこうというシステムです。

これは、中学校の先生には当たり前のことだと言われますが、小学校では全く当たり前ではないんですよね。

妹尾：小学校のほうが教員定数上、いわゆる級外（学級担任をもたない人）の人数も少ないので、中学校のような配置はしにくいですよね。チーム担任制を導入してみて、先生方から時間割の調整が大変、という声は出たりしますか。

三浦：時間割の調整に時間がかかるという意見はもちろん出ますが、今までクラスの子どもを担任一人しか見ていなくて、その一人が勝手に時間割を組んで授業を進めていたことのほうが怖いです。今は全部がオープンになって調整できるので、そのほうが教員にとっても子どもにとってもメリットがあると思います。時間の調整については、みんなでやり取りしていますね。むしろ無駄な会議がなくなって、とても早く帰っています。

伝えるべきことはきちんと伝える

妹尾：お二人の話を聞いていて、もちろんその人のよさを生かすことは大事だし、大賛成なのですが、学校では、先生たちの機嫌を損ねないようにしないといけないと思いすぎているのではないか、言いたいことを言えなさすぎているのではないかと思うときもあります。

たとえば、ICTが苦手という先生がいたとして、ずっとそう言っていたら逃げ切れるかというと、今の時代、当然そうはいかないわけで。そういう先生には、きちんと伝える必要があると思いますが、いかがでしょうか。

森：そうですね。ICTからは逃げ切れないという話をしても、「私はいいです」という頑なな人は確かにいますが、仕事をしている以上ここは変えてほしいということがあるときは、はっきり言うようにしています。でも、言ってそのままにしているわけではなく、「周りにやり方を知っていて、教えてくれる人がいるからやったほうがいいよ。今やらないと後々、もっとハードルが上がるし」というふうに伝えます。とくにICTに関しては、若い先生に頼むとみなさんで一緒にやってくれたりします。

また、子どもの声を伝えるのもいいと思います。昔ながらの授業のやり方を変えようとしない先生に、「先生、あの授業、子どもがすっごいおもしろかったって言ってたよ」などと言いつつ、「やっぱり、今は先生ばかりが話さない、教えない授業への流れがあるよね」などと話します。もちろん、そのための研修もするのですが、これはもう伝えないとだめだ、という話は直接しますね。子どもに対する指導の仕方についても、「昔みたいにガミガミ怒ったりするのはもうダメだからやめてね」、という話をします。

直接言うことも管理職の仕事で、管理職手当はそれも含めてもらっていますからね。言いづらいなとか、言って反撃されたら嫌だなとか、そんなことは言っていられません。それはもうずけずけと、でもニコニコしながら言います。

妹尾：耳の痛いこともちゃんと伝えるということですね。子どものためにということはみなさんよく考えていると思うので、子どもの声などでフィードバックしていくことが校長や教頭には大事ですね。

森：生徒に授業のどういうところがよかったのかとか、忌憚ない意見を聞けばいいと思うんです。そうすると子どもたちは、冒頭にやる漢字テストの意味がないとか、朝読書いい加減やめなよ、本を読んだふりをしてんだからさとか、いろいろ出てきます。

そういうネガティブな意見もポジティブな意見も聞くことが大切なのに、素人は黙っとれ、黙ってつべこべ言わずに言うことを聞いていなさいとなっているような気がします。

三浦：森先生が言われるように、言う必要があることは言わないといけないと思います。たとえば、学校全体でオンライン授業をやっていくことになったら、私のクラスはできませんというのは無理ですよね。そういうところは伝える必要があると思います。お悩みにあったアップデートできていない先生についても、そのままだと子どもに迷惑がかかってしまうようなら、私はそこは強く言いますね。

お悩み

市と県が示す学力向上対策に納得がいきません／なんでもそろえようとすることに、違和感があります

目的は何かを考える

妹尾：1と2のお悩みは似ているのですが、1は学力向上対策に納得がいきませんというお悩みで、学力テストの結果を上げるために、過去問をとにかくやれ、宿題を必ずチェックしろなど、教育委員会からいろいろと言われるので、正直疲れていますという校長先生のお悩みですね。

2は、学校と教育委員会が規律を重視してなんでもそろえようとする雰囲気に違和感がありますというお悩みです。たとえば学級のめあては教室の前の壁の左上に貼りなさいなど、○○スタンダードなどといわれるものを指していると思います。一方で、自分なりに変えることで、自分のクラスの学力が落ちたり、他クラスや校内とのバランスがくずれたりすることなども気にされているようです。まずは森先生、いかがでしょうか。

森：私は、教育行政の方々がつくる学力向上策はどこから持ってくるのかな、エビデンスはあるのかなと疑問に思うこともあります。学力調査の結果がかんばしくないと、宿題や家庭学習時間、学校スタンダードの徹底などとよく言われるのですが、その根拠はどこから来たもの？とはっきり言ってしまいます。

なぜそれが効果的だと思うのか、その理由を教えてほしいのですが、あまり聞いたことがなくて、説得力が……。

文科省や教育委員会が掲げる理念や政策の多くは素敵なのですが、その目的が学校現場に届くまでの間に変わっていってしまっているように感じます。

そういう状態のことを、私はよくカレーづくりにたとえて話すのですが、カレーライスって、たとえばレシピに牛肉500gとあっても、買えないときには豚のこま切れにしたりしますよね。また、りんごのすりおろしとかチョコとか、隠し味を入れることもありませんか？　そういうふうにして、財力や好みなどに合わせて変わっていきます。

国や都道府県の政策を受けて、市町村教委はそれ以上にがんばろうとしてしまい、施策や取り組みを増やしたり。そうやってそれぞれががんばって、独自の隠し味を入れると、最初のゴールが見失われないかな……と。

妹尾：カレーのつくり方がどんどん変わっていくわけですね。

森：この町の名産はやっぱりホタテでしょうとか、うちは昆布でしょうとか、いろいろと入れていってしまうので、元のものとだんだん違ったものになってくる。そうすると、目的が最初のものからずれていってしまわないかな、と。

方策にとらわれ、数値を上げることにこだわりだすと、子どものほうを向いているようだけれど、実は大人の視線や価値観を気にしてしまっているのではないかという懐疑的な視点を私は持っています。

そうやって、どこを向いているのかがわからないまま手段化された取り組みを疑ってみる。本当に大切なことは何かということを校長が中心になって考えていかないと、学校は振り回されてしまいます。

不十分な政策の検証

森：でも、やはり学力向上はとても大事ですよ。

行政から見ると学校は末端かもしれませんが、私たちは子どもたちから見ると最先端なんですよ。最前線で最先端にいなくちゃいけないんです。なのに、学校は末端の支店というか、言われたことに対して従順なんですよね。お悩み相談にあるような違和感を持つのは、当たり前のことだと思います。

妹尾：教育委員会としても、議会や首長から言われるので、何か対策をやっている感を出したいという事情はあるでしょうね。

森：それに加えて、誰も教育委員会の政策がどうだったのかという評価観点をもち出さないことも問題だと思います。毎年、学力調査の結果が出たときに、「今年も残念だった」などと言うだけでは、「もっとがんばろう」となって終わってしまいますよね。そうではなくて、自分たちの政策はどうだったのか、ということから考えたほうがいいのではと思います。

妹尾：森先生の話を聞いて、マシュー・サイド著『失敗の科学』（ディスカヴァー・トゥエンティワン、2016年）という本を思い出しました。この本では医療業界が失敗から学んでいないことが痛烈に批判されているのですが、たとえば瀉血という血を抜いて治す、エセ治療法が古代ギリシャの2世紀に始まり、なんと18世紀ぐらいまでずっと続いていたんです。瀉血をすればうまくいくはずだとみんなが思い込んでいて、誰も検証しなかったんですね。むしろ、血を抜くと体力が減って、健康にとってもよくないのですが、それで亡くなったりすると、すごく効くはずの瀉血でさえ救えなかったから、それだけその人の病状は重かったんだと解釈し、よくなったときには、もしかしたら自然に回復したのかもしれないのに、瀉血のおかげでよくなったと都合よく解釈したんです。

たとえば、ある指導方法や○○スタンダードが効くはずだと思い込んでやり続けて、学力が少しでも上がったらやっぱりこの指導方法でよかったんだと思い、上がらなければ、コロナもあるし、家庭環境なども関係しているのではなどといって、指導方法の反省はしないという部分はおそらくあるのではないかと思います。

教育政策や授業は、不確実性が高いし、実験もむずかしいので、何から何までエビデンスに基づいてできるものではないとは思いますが、それでも、教育委員会が促している指導方法や学習方法が本当に効果的なのか、もうちょっと立ち止まって考えることは大事ですよね。

森：そうなんですよね。私たちも納得感をもって取り組みたい。話し合って、「なるほどね」「そういうことね」と腹落ちして実行したいですよね。

校長会の存在意義

三浦：京都市では、校長会が市教委と教育政策について話し合うので、お悩みにあったように、教育委員会が示す学力向上対策に納得がいきませんと、一人の校長先生が怒りを覚えるようなことはないと思います。やはり校長会と市教委で話し合うべきですし、そのために校長会があるのに、なぜ個人的なやりとりになってしまうのでしょうか。校長でも教頭でも管理職の組織は、市教委と向き合って話ができるようになってほしいとも思います。それは京都市だからできるのでしょうか。

森：私の経験では、校長会は市教委から言われたことに反対することは少なく、「みんなで同じことをやりましょう」というムードも多いと感じます。私は、目的に対していろいろな方法があってよいと思うのですが、やり方もそろえようとする傾向がありました。だから、「もっと簡単な方法があるので、うちはそれでやります」と言うと、みんなびっくりして、「みんなでやろうとしているのに、なんでそういうことをするんだ」と批評されたりすることもありました。

言われたことをそのまま鵜呑みにして、旗振り役をするだけというのは校長ではない。本当にそうだろうか、おかしくないですか？　もっとこうしたらどうでしょう？　という人が何人もいてもいいのでは、と思います。

三浦：京都市では、市教委が校長会におろすことは、まず校長会の運営委員会の代表が集まるところで市教委から説明が入ります。そのときに出された意見に対して、校長会と市教委が検討を重ねます。検討した結果、同じことが出てくるときもありますが、まずは運営委員会でやりとりをすることから始めていますね。

こうやってやりとりができるのも、お互いに京都市の子どもをよりよくしたいというベースを共有しているからで、そのベースの共有がないままに、行政と校長会で対立となると、それはしんどいと思います。そこの共有があるから、言い合いができるんだろうなと。

妹尾：それは、学校のなかや市区町村のなかでも同じですよね。先ほどの森先生の目的を確認しようという話にも通じますが、お互い共通で握れるところはあるはずで、そのためにどういうアプローチをするのがいいのかについては、きちんと意見を戦わせたほうが、健全な組織だと思います。

方法論やアイデアの対立はあっても、それで人間関係が悪くなるということは、本来的にはないはずですよね。

三浦：そうですね。そのためには、教育委員会はどういう思いを持っているのかをきちんと発信し、また校長や校長会は、先ほど森先生がおっしゃったように、教育委員会から出てきた手段を、目的を意識して見ることが大切です。そうすれば、それは違う手段でもいいのでは、などの話がしっかりできます。目的もわからないのに手段だけ出されてやりなさいと言われたら、従うことしかできませんから。

考えない人は管理しやすい

妹尾：今回のお悩みに関連して、学力向上に関する政策について、校長会が異論を言ったり反対したりして、少し変わったりしたことはありますか。

三浦：校長会が言ったわけではないのですが、これまでずっと続いてきた週案を教育委員会に提出するという決まりがなくなりました。おそらく学校それぞれでしていることだろうし、一律のものを求めなくてもいいだろう、ということで。

校長のなかには自分で考えなくてもおりてくることをやっていれば安心して学校が経営できると考えている人もいると思います。そうなると、目的を理解せず手段のみになってしまうのだろうと思います。

森：やっぱり、言われたことに従順な人ほど管理しやすいですよね。でも、校長がそれぞれしっかり勉強して、この権限は学校にあるのではないですかとか、ここを学校に任せるのはおかしいのでは、と言うようになれば、教育委員会としてはみんな一律にとか、市の施策として必ずやるべき、などと言いにくくなっていくと思います。

校長会も同じですよね。校長会が一丸となって同じことをする必要はなくて、それぞれが結果を出せばいいんです。組織のあり方を考えていかないと、巡り巡って子どもたちが被害者になりかねません。

妹尾：そうですね。週案の提出や管理もそうですし、指導方法を揃えましょうというのも、なんのためというところは問い直さないといけませんね。書類の作成や集めることが目的になってもいけません。

沢渡あまね著『仕事ごっこ』（技術評論社、2019年）という本では、一見仕事に見えても、生産性やコラボレーションの邪魔をしていることや慣習が民間でも多いことを指摘しています。学校でいうと、児童生徒のために役立っていない書類や、それを管理している教頭の負担増になっているような作業は、ただ足を引っ張っているだけの「仕事ごっこ」と言えるかもしれません。義務づける根拠もありませんし。

あとはやはり、校長の権限として「校務をつかさどる」ということがあるなかで、とくに教育課程の編成に関してはかなり広範囲に校長に裁量があるので、きちんと子どもたちのことを見て、最先端・最前線のことができますよね。ですから、いいところをお互い学び合うことももちろん大切ですが、校長の役割や裁量をもっと大事にしていくことも必要だと思います。

リーダーシップをきちんと学ぶことが必要

森：そうですね。一方で、マネジメントとリーダーシップを学ばないまま管理職になってしまうという問題もあります。「自分についてこい」と言うことがリーダーシップだと勘違いしている人もいます。そして、「校長の強いリーダーシップ」という言葉が文書に登場する頻度が増すごとに、リーダーシップの意味を勘違いしている人がたくさん出てきて、パワハラ案件が起こったり、それによって退職する人が出たり、体を壊す先生が出てきたり。

よく「アンラーニング」などと言いますが、リーダーを採用する際には、行政がその人たちに必要な学びを吟味してきちんと提供して、育成する必要があります。すべて学校任せにするのではなく、そのあたりも考えてほしいと思います。

学び続けるための情報をどう集めているか

妹尾：森先生と三浦先生は、校長になる前もなった後も学び続けておられ、そのためにいろいろなソースや場があると思うのですが、お二人はどんなふうに情報収集をされていて、どんな学びがよかったのか、お聞きしたいです。

森：私は校長になった年に兵庫教育大学を受験して、校長2年目から学生と二足のわらじでした。自分が所属した研究室は、アカデミックな学びの場ではなく、ユニークな人が集まる変人会全国版といった感じで、そこがフィットしていたなと思います。

私は学力向上というのは言葉が通じることだと思っていて、私が話す言葉と子どもたちが受け取る言葉、私が話す言葉と職員が受け取る言葉に誤差がないようにしていくことがすごく大事だと思っているのですが、ここで、言葉が通じる仲間がたくさんいることがわかったことは、学びとしておもしろかったですね。

あとは、直接人と会って話すのが一番ですが、今はオンラインで話すこともできますよね。そんななかで、妹尾さんがオンラインでやっている「学校をおもしろくする会」などもいいですよね。本を紹介してくれる人などもすごくありがたいです。

妹尾：確かに、いろいろおもしろい本があって、いいアップデートになりますし、視野も広げられますよね。

森：妹尾さんは、ビジネス書をよく紹介してくださいますよね。

妹尾：読みやすいし、堅苦しくないですからね。

森：学校関係者は教育書を読みがちなのですが、そうではないもののほうが実際に役に立ったりします。私は妹尾さんにご紹介いただいた経営学の本が、おかげさまで本当に役に立ちました。

妹尾：三浦先生はいかがですか。

三浦：私は大学を出てすぐに教員になったので、この世界しか知らないのですが、息子の就職活動の話を聞くのがすごくおもしろかったですね。こんなことを聞かれるんだ、こんな面接やテストをするんだという話を聞いて衝撃を受けました。筆記も点数も関係なく、面接で初めて会う人たちと何かをつくり上げていく。そのなかで自分はどの役割を果たすのか。リーダーシップがあるからいいわけではないんです。支えるのが上手な子、引っ張るのが上手な子、いろんなパターンの子を企業は見ていくんです。長いと5次ぐらいまで面接があって、その5回で内容も全然違う。

その話を聞いて、私は小学校教員として宿題を毎日することが大事だとか、字をなぞってちょっとでも線がはみ出したらバツになるとか、そんなことは社会に出たら全部吹き飛ぶんだなと思いました。もし、学校教育の出口が就職だとしたら、そこを全く見ずに、これまで当たり前のように大事にしてきたことはなんだったのかと思いますし、息子から聞いたような採用試験、そして社会で求められる力を子どもたちが身につけられるようにするにはどうしたらいいのかとすごく考えるようになりました。

学校で求めてきたことと、今企業が求めていることって違うんだなと衝撃を受けてから、いろんなことがガラッと変わったなと思います。企業と学校ではやろうとしていることが全く違うということは恐ろしいなと思い、その経験はすごく自分の学びになりました。

妹尾：やはり、アンテナを立てながら日々学び続けることが大切ですね。森先生、三浦先生ありがとうございました。

ポイント解説 8
特定の結果のみを追う弊害

健全なギモン、意見を出さない、出せない

今回の1と2のお悩みには共通点があって、教育委員会の施策や校長が進めようとする学校運営について、なんでも揃えようとすることに違和感がある、一面的にしか見ていないのではないかとギモンに思うというものでしたね。

お悩みをお寄せいただいた方も、わたしも、「学力向上なんて必要ない、テストの結果なんて気にするな」と考えているわけではありません。ですが、テストの結果だけを重視し過ぎているのではないか、本当に効果的なのかアヤシイことを強要するのはいかがなものか、と思っているわけです。とりわけ、目の前に生き生きとした子どもたちがいる担任の先生らにとっては、「この子たちにはもっと大切なことがある（例：過去問をやらせる時間があるなら、学級づくりに資する別の活動をしたい）」という気持ちと「うちの学級だけ従わないわけにもいかない」というジレンマに悩んでいることと思います。

こういうギモンやジレンマは、自然な発想だと思います。むしろ**麻痺して、順応して感じなくなるほうが怖い**ですよ。

わたしが危機感を覚えるのは、今回のお悩みのようなギモンや意見を学校や教育委員会の中で遠慮なく表明できなくなってきていることです。「心理的安全性」が低い職場、行政ということではないかと（心理的安全性についてはＣｈａｐｔｅｒ３－3を参照）。

測り過ぎ

特定の指標や結果を過度に重視する弊害については、米国でたくさんの失敗例があります。ジェリー・Ｚ・ミュラー著、松本裕訳『測りすぎ――なぜパフォーマンス評価は失敗するのか？』（みすず書房、２０１９年）が参考になります。教育についても触れられていますが、医療や警察などでも深刻な問題が報告されています。

わかりやすいのが医療、病院です。「ニューヨーク州では、冠状動脈バイパス手術の術後死亡率、つまり術後30日経過した時点で患者の何パーセントが生存しているかを示す外科医の成績表を公表して」います。患者目線から見ると、有益な情報のように思いますよね？　死亡率の低い医者にかかりたいと思うのは自然な気持ちだと思います。

ところが、この成績表には副作用がありました。「心臓外科医が症状の深刻な患者の手術をやりたがらなくな」りました。公表されるデータに含まれたのは「手術を受けた患者だけ」であり、「リスクが高く、成績を引き下げそうだという理由で外科医が手術を拒否した患者は含まれていな」かったためです（同書１１７頁）。

こういう問題は「上澄みすくい」と呼ばれています。評価による問題は、警察でも報告されており、評価につながりやすい特定種の犯罪ばかりを追うようになったり、データの虚偽申告が起こったりしました。

こうした米国の問題は、日本の私たちにとって、対岸の火事とは言えません。いくつかの県で、全国学力・学習状況調査で、一部の児童生徒の回答を教員が意図的に除く事例（「上澄みすくい」）や教員が一部の答えを子どもに教える不正が行われていたようです。[*14] 不正は論外ですが、学力テストの結果などを過度に強調することで、次のような**弊害、副作用が大きくなることについて、もっと多くの教育長、教育委員会職員、校長らは考えるべき**です。

●テストスコア（平均得点率等）以外の目標が重要ではない、という誤ったメッセージを教職員に与える。
●子どもたちにとって重要な資質・能力を育成することなど、中長期的に取り組むことを軽視する教員が増える。
●児童生徒も教員も繰り返されるテスト対策で疲弊する。学習嫌いになる子も増える。
●学級開きなど重要な時期の学級活動などがテスト対策のために犠牲になる。

＊14 『中日新聞』2017年2月12日

●スタンダードなどの手段を行うこと、守ることが目的化する。
●スタンダードや各校のきまりを守っているかの管理、モニタリングにも時間が取られる。効果が疑わしい取り組みやチェックに忙殺され、教職員の仕事へのモチベーションが下がる。
●教職員が教育委員会等に黙って従うことに慣れ、指示待ちになり、あまり考えなくなる。

学力テストの結果について質問する議員の方には、ぜひこうした弊害の有無についても追及していただきたいです。

ポイント解説 9
教育・学びの転換

「みんないっしょ」を変えられるか

学校って**「みんないっしょ（みんな同じように）」ということが、好き過ぎ**ではないですか？
運動会や合唱祭、文化祭、体育祭などの学校行事や部活動によく現れていますが、みんなで応援する、クラスみんなで同じ歌を歌うのは「当たり前」、「オレだけ、わたしだけやらない」は原則なし。

授業でも多かれ少なかれ、「みんないっしょ」が、暗黙のうちかもしれませんが重視されているのではないでしょうか。たとえば、学力上しんどい子もいるし、簡単過ぎる子もいますが、同じ教材を使う、先生の指示する、進めるペースに合わせる、「オレだけ、わたしだけやらない」は原則なし。

2のお悩み「なんでもそろえようとすることに、違和感があります」では、決まったやり方や統一的な指導に違和感がある、という話でした。こういう見方をする先生もいる一方で、おそらく大勢の教員は、これまでのやり方、お悩みの文中の表現で言うと「古きよき日本の教育」をよしとする考えに染まっています。文科省や有識者がいくら「個別最適な学び」なんて言っても、学校現場ではピンと来にくいのは、「みんないっしょ」のこれまでのやり方とあまりにもかけ離れているからです。

教育の3つのパラダイム

実は、日本の学習指導要領や中教審答申でめざされているような教育改革は、世界中の少なくとも多くの先進国でも進行中です。もちろんいくつか違いはありますが、大きな流れ、動向としては共通点も見られます。香港の教育学者 Yin Cheng 氏は**3つのパラダイム（ものの見方）に分けて考える**ことを提唱しています（**図表5－1**）。

第一の波のパラダイムでは、国が決めたことを各学校は着実に実施すること、そのなかで改善を図ることなどが重要視されてきました。この時代は比較的先行きの見通しが立ちやすい社会でしたから、計画通りに進めることで大きな問題はそう生じなかったのでしょう。

しかし、第一の波が進むにつれ、学校は十分に保護者や社会の期待に応えられていないのではないかという不満が生まれてきます。また、財政的な制約もあり、教育費を抑制しようとする圧力も高まり、効率性などがいっそう求められるようになっていきます。そこが第二の波です。児童生徒、保護者、納税者らのステークホルダーのニーズに学校はいかに対応するかが問われました。

第二の波は、新自由主義的な考え方とも親和的で、競争原理を働かせることで公教育を変革しようとしました。具体的には、学力テストを含むさまざまな評価やモニタリングに基づく説明責任の履行、学校選択制などの導入の動きなどです。米国などでは公立学校の民営化も進みました。

第二の波、教育改革には効果もありましたが、学校や政策担当者が短期志向になりやすく、またマーケット志向が強過ぎたため、教育の中核的な価値が損なわれるケースもありました。先ほどの『測りすぎ――なぜパフォーマンス評価は失敗するのか？』で述べられていた弊害などです。

そして、Cheng氏によれば今世紀に入った頃から強まったのは、第三の波です。そこでは、生涯にわたって学び続ける力を育むため、多面的な資質・能力を高めることが強く意識されています。まさに日本の学習指導要領もこの波に乗っていますね。

注目したいのは、教師像（教師の役割）や子ども像も、この3つのパラダイムそれぞれでかなりちがう、ということです。第一の波では、「子どもは先生の言うことをしっかり聞きなさい」というイメージがフィットします。第三の波の考え方では、子ども一人ひとりの個性や特性に応じて、教員は学びを支援、ファシリテートする側面が強調されています。

「みんないっしょ」や講義中心の一斉授業が親和的なのは第一の波です。あるいは学力テストの結果を非常に気にして、対策を重視するのは第二の波です。1と2のお悩みは、第三の波の考え方に近い先生が、第一の波と第二の波の人たちと合わなくなってきている、と解釈することもできます。

あるいは、これまでは**それぞれの考え方や子ども像の違い、めざすことを対話することもなかった、**ということではないでしょうか。

ICTの利活用についても、この3つのパラダイムのどこに立脚するかで変わってきます。第一の波では、ICTは教師が児童生徒

図表5－1 教育の3つのパラダイム

	第一の波	第二の波	第三の波
時代認識	• 工業化社会 • 変化が少なく、先の見通しの立ちやすい社会	• 商業社会、消費社会 • 不確実性と競争により不安定性のある社会	• 生涯学習社会 • グローバリゼーションと科学技術の進歩により変化が速い社会
学校の機能、教師の役割	• 学校は、中央集権的に計画されたことを内部プロセスを改善しつつ、着実に実行する機関 • 教師は知識・技能を伝達する存在（Delivery Role）	• 学校は様々なステークホルダーの期待とニーズに応えつつ、教育の質の保障と説明責任を果たす機関 • 教師はステークホルダーを満足させる存在（Service Role）	• 学校は児童生徒の将来にわたる多面的な資質・能力を育む機関 • 教師はグローバルに社会が変化するなかで、児童生徒の発達をファシリテートする存在（Facilitating Role）
子ども像	• 見習い • 教師から知識等を授けてもらう人	• 顧客、ステークホルダー • サービスの受益者	• 多重知能を伸ばす自律的な学習者
親和的な手法（例）	✓ PDCAサイクル ✓ SWOT分析をもとにした計画策定	✓ 学力テスト結果の公表、活用 ✓ 学校選択制、民営化 ✓ 学校評価、学校評議員、コミュニティ・スクール等による、多様な主体の経営参画	✓ ICTを活用した個別最適な学び、自己調整学習 ✓ リカレント教育 ✓ 学校経営でのOODAループの活用

出所）Cheong,Y.C. 2019. *Paradaigm Shift in Education.* Routledge5～8頁を一部抜粋、翻訳して作成。「親和的な手法（例）」の欄は引用者が作成。

に知識を伝えることを効率的、効果的に行うためのツールという性格が強くなります。第二の波では、ステークホルダーに説明責任を果たすためのツールという位置づけにウエイトが置かれます。

対照的に、第三の波ではICTはイノベーティブな技術であり、教室のなかや同じ先生と児童生徒だけで学ぶという従来の境界線を越えた学びを実現するものです。

たとえば、GIGA端末についても、先生が指示したときしか原則触らせない、家にも持ち帰って学習することはない、という学校もまだまだ少なくありません。[*15] これは第一の波に近い考え方です。一方で、校内外問わず、児童生徒が学びたいときにさまざまな方法で活用する、教室を越えてさまざまな人とつながるツールにしていくといったICT活用は、第三の波に近いでしょう。

*15　文科省「1人1台端末の利活用状況について」という資料では令和4年度全国学力・学習状況調査結果をもとに、端末の活用状況が自治体間によってかなり差があることを明らかにしています。
https://www.mext.go.jp/content/20221125-mxt_jogai02-000003278_001.pdf

Chapter 6

教頭がしんどすぎます

1 なんとかしたい「教頭はつらいよ」

お悩み

私は4月からの新任教頭です。あまりにも多い業務に加えて授業もしています。授業は好きですが、時間が足りず、帰りが遅くなってしまいます。教務主任時代は、教頭先生が連日遅くなっていたら早帰りを勧め、長時間勤務を防止していました。しかし、今は自分でそうは言えません。教頭が自分のためにできる働き方改革は何でしょうか。

（東北、小学校、教頭）

ほんと、副校長・教頭先生（以下、教頭）の多忙は深刻です。10年以上前からわかっていたことだと思いますが、抜本的な解決になっていません。

全国公立学校教頭会によると、２０２２年度の公立小・中学校の教頭の通常の1日の勤務時間は、なんと、11時間以上が約83％です。*16 土曜日なども残業している人も多いですし、おそらく月あたりの時間外勤務時間は、過労死ラインとされる80時間を超える人がほとんどかと思います。今回お悩みをお寄せいただいた教頭先生もたいへんご苦労されていることと思います。しかも、教員不足のせいでしょうか、授業もなさっているのですから。子どもたちから元気をもらえるのはいいとしても、疲労がたまっておられることでしょう。体調も心配です。

おそらく各地の学校で起きているのは「教頭先生が仕事を巻きとる」「教頭をはじめとする特定の人に過度な負担がかかる」という状況ではないでしょうか。とりわけ、校長・教頭先生たちは、「働き方改革を進めましょう」と呼びかけている手前、ほかの教職員に仕事をふりづらくなっている現場も少なくないようです。仮に多くの教職員の負担が軽減されたとしても、教頭先生がガマンを続けて健康を害しかねないくらい働いているのだとしたら、それはいい状態、健全な学校運営とは言えません。

この問題、非常に難題ですが、5点ほど提案します。

教頭が自分のためにできる働き方改革

(1) 「教頭が忙しいのは当たり前、仕方がない」「ともかくがんばるしかない」「しばらくガマンするし

*16 全国公立学校教頭会「全国公立学校教頭会の調査 令和4年度」(２０２２年2月)

かない」と捉えるのを、やめる、休憩する

今の状況は仕方がないと捉えている教頭先生も少なくないかもしれません。キツイ言い方かもしれませんが、それでは思考停止になってしまいます。「あきらめたらそこで試合終了ですよ」(『スラムダンク』の名言)。

なにか変えられるところはないか、という問題意識をもつことが、業務改善の第一歩です。

(2) 多すぎる業務、雑多な仕事を少しでも減らせないか、やめられないか、仕分ける

「To Doリストをつくっても、いつまでも減らない。次から次へと仕事が増えていく。そんな状況の教頭先生も多いのではないでしょうか。

なぜそうなるかと言えば、業務が多種多様かつ、多すぎるからなのですが(「そんなこと言われなくてもわかっているよ!」という声が聞こえてきそうですけど)、やめられることや大きく減らせることは、本当にないでしょうか?

たとえば、地域差があるようですが、PTA関係の会計や印刷を教頭先生がやっている学校もあります。これは保護者側にお願いするとともに、ペーパーレス化を図るなどできそうです。

加えて、教頭先生の業務量の多さと裏表の関係にあるのは、教育委員会事務局の多忙だと思います。国の調査等も負担でしょうし、改善の余地は大いにあると思いますが、最も多いのは、各都道府県や市区町村が(国とは別に)実施している調査や書類作成です。もちろん必要性の高いものもあるでしょうが、「誰の、なんの役に立つのか」「こんなことまで求める必要があるのか」とギモンなものもあります。

たとえば、ある市では、細かい消耗品の購入まで教委に書類をあげていましたが、学校裁量に変更しました。教委にとっても、教頭先生たちにとってもWin-Winになるように、調査、書類、手続きの削減を進める必要があります。

(3) ヘルプを出す、分担する

ある中学校では、教頭先生の仕事を含めて、**各校務分掌の業務を、いつ、誰が、どんなことをしているのか洗い出し、「業務プロセスシート」という共通フォーマットで整理**しました。[*17] 手間はかかるのですが、例年似た仕事はあるわけですし、一度やっておくと、次からずいぶんラクになります。こうした業務プロセス分析は、右記の(2)でも役立ちます。必要性の低い業務や手続きがあれば、やめることを含めて検討します。

必要性の高い業務であっても、次の問いを投げかけましょう。「本当にこの仕事は、教頭でないとできないことなのか？」

「なんでも屋」などと自嘲される教頭先生もいますが、この中学校では、教頭先生がやらなくてもいいことを他の教職員に割り振ることで、かなり教頭先生の負担が減りました。

とりわけ、どこの学校でも重要なのは、教頭と学校事務職員、校長との役割分担です。データを扱う

＊17　大根誠「学校業務を『見える化』する手法の開発と実践」、『金沢大学大学院教職実践研究科実践研究報告書』第2号、2018年度、171〜184頁。
https://www.ishikawa-c.ed.jp/content/houkoku/daigakuin/daigakuin2018/07.pdf

こと（調査対応など）や来客などは事務職員のほうが得意という場合もあります。もちろん、だからと言って事務職員が多忙になってもいけないので、事務職員の負担軽減策もセットで講じる必要があります（ポイント解説6も参照）。校長先生は、もう少し教頭先生と分担してもいいのではないでしょうか。教頭経験者がほとんどですし。

その仕事って、本当に必要ですか？

右記の(2)、(3)にかかわりますが、やはり、多少は手間でも、一度、教頭先生の仕事をリストアップして、必要性や優先度、分担について再考していくことが肝要だと思います。たとえば教頭先生のなかには、コミュニティ・スクールなど地域との連携・協働を進めるなかで、各委員との調整や会議資料づくり、はたまたお茶菓子の準備までやっていて、ホンネを言えば、「地域協働なんて勘弁してほしい、新型コロナの影響で集まりにくくなって、むしろ助かっている」と述べる方もいます。

そうした気持ちはわからないではないですが、保護者や地域の人をお客さん扱いし過ぎて、過剰なサービスや丁寧過ぎる対応になっているところがあるなら、まずはそこをやめたり、減らしたりするべきであって、地域協働を否定するのはどうかと思います。会議資料なども別のところで使ったものを再利用すればよいときも多いですし、たくさんの準備は必要ありません。熟議、議論することのほうが大事ですから。

(4) 集中できる時間をつくる

教頭先生が夜遅くまで書類作成等にかかることが多い背景のひとつとして、日中の業務が電話や呼び出し（「教頭先生、○○君が教室を抜け出しました」など）で中断され、細切れになるから仕事が進まない、という事情もあります。ある教頭先生は「集中すれば20分で終わる仕事なのに、5分や10分おきに中断されるから、トータル1時間の仕事になったりする」と述べていました。ある市では、教頭の1日に教育委員会職員が密着取材して分析しました。わずか1時間ほどの執務中に15回も中断が入ったというのです。

教頭先生が忙しいのは、個々人のスキルの問題（とりわけ行政文書を正確に読みとる能力やエクセルスキル、タイムマネジメント力など）や経験の差（初任者はやはり慣れないことが多くて大変、学級担任のときと仕事の性質が違うし）も一部あるでしょうが、個人のせいだけにはできません。右記のように、組織的・環境的な問題も大きい、とわたしはみています。

であるなら、そこにメスを入れましょう。ひとつのアイデアは、**教頭先生が事務作業等に従事する「集中タイム」を日中に設ける**ことです。たとえば午後2～3時半の間の電話や来客は他の職員で担う。よほど緊急性の高いもの以外は教頭先生に取り継がない。教委も電話をかけてくるな、という約束を取りつけてはどうでしょうか。

(5) 仕組みを整える

先ほどから述べているように、教頭先生の仕事のなかには、書類作成や調査対応も多いですよね。いくつかの学校で記入ミスや漏れがある書類等は、連絡・指示の内容や記入方法（フォーマット等）がマズイ可能性も高いです。個々人の意識（注意力）やスキルなどのせいばかりにせず、なるべくミスや手戻りが少なくなるような仕事の依頼の仕方や情報共有の方法に改善していくべきです。

つまり、事務作業等が得意な人を標準にするのではなく、ある程度、誰であってもなるべくミス等が少なく仕事ができるようにする。こうした仕組みづくりも、教育委員会の役割として重要です。また、前述の業務プロセスシートなどを活用しつつ、引き継ぎがしっかりしていると、見通しが立ちやすく、初任や異動してきたばかりの教頭先生でも仕事を進めやすくなります。

校長先生や教育委員会幹部は、「わたしが教頭のときはやれていた」などと昔話をするのではなく、改善の余地はないか、教頭先生と一緒に考えてください。

クロス×トーク
私ならこう考える

教育委員会の改善が教職員の幸せにつながる

なかむらアサミ サイボウズ株式会社チームワーク総研シニアコンサルタント

法政大学大学院経営学研究科キャリアデザイン学専攻修了。教育、IT企業で人事を担当し、2006年サイボウズ株式会社に「離職率が高い」（とは知らず）入社。人事、広報、ブランディングを担当し、現在は、小学生から社会人まで幅広い層にチームワークを教える活動をしている。著書（共著）に『わがままがチームを強くする』（朝日新聞出版）『サイボウズ流テレワークの教科書』（総合法令出版）がある。

お悩み

「教頭はつらいよ」をなんとかしたい

妹尾：今回は、教頭になる前は忙しい教頭先生の手助けをしていたけれど、いざ自分が教頭になった途端、忙しすぎて自分の働き方改革ができませんというお悩みです。この話とも関連づけて、まずは、経産省の「未来の教室」事業でサイボウズさんがかかわっていた、学校BPRについて、ご説明いただけますか。

仕事削減や効率化には限界がある

なかむら：私が所属しているサイボウズは、チームワークを支援するグループウェアを開発・販売する会社で、今までも、中・高生を対象としたチームワークについての授業や、教職員研修を行ってきました。学校BPRというのは民間企業の働き方改革で用いられている「Business Process Re-engineering」（BPR）という手法を使った、「学校における働き方改革」のことで、学校の業務実態を把握して、効率化や改善プランを考えていくものです。経産省から委託を受けて2021年度からスタートし、弊社では静岡県三島市と鹿児島市の中学校の改革に携わらせていただきました。

学校BPRがスタートしたものの、コロナ禍で私たちは学校に入ることができず、まずは1日中教頭先生にGoPro（小型のビデオカメラ）をつけていただき、教頭先生はどういう視点で仕事をされているのかを探ることから始めました。朝6時半から夜帰るまでずっとGoProをつけていただいたんです。

その映像を見て思ったのは、先生方の仕事削減や効率化には現場だけでは限界があるということでした。どういうことかと言うと、教頭先生は書類作成の仕事がとても多かったのですが、たとえば、メールでエクセルデータが来たら、私の会社ではそのエクセルに入力して、メールに添付して返信して終わりです。でも教頭先生は、そのエクセルを印刷して郵送で返す、もしくはFAXで返されていたんです。サイボウズでは、紙を使わず、大部分をデジタル化しているので、なぜこんなに手間のかかることをしているんだろうと驚きました。もちろん、学校現場のデジタル化が遅れていることは認識していたのですが、私たちの認識以上の話でした。

そのため、教頭先生の業務をどう改善するのかを考えるのではなく、書類の形式や提出方法を決めている教育委員会側のペーパーレス化、デジタル化に着手しました。三島市では、教育委員会に働きかけて、教委からの通知や、学校からの休暇簿や出張申請、いじめ件数調査などのさまざまな情報管理のクラウド化を進めていくことになりました。

妹尾：教委側の改革からはじめたのですね。ですが、働き方改革については学校現場での業務改善をどうしていくか、という議論がまだまだ多い気がします。

なかむら：今回、学校BPRということで最初に学校現場に入りましたが、そこで先生方の業務改善以前の問題であるということに気づいたんです。現場ではなく、紙文化で仕事をしている行政の仕組みを変える必要がある、ということですね。

妹尾：なるほど。各学校でできることももちろんありますが、一つの学校だけを変えても仕方がないということですね。

ほかのやり方を知らないだけかも

妹尾：教育委員会に焦点をあてた学校BPRは、何の改革からはじめたのでしょうか。

なかむら：最初、教育委員会をデジタル化するにあたって私たちが着手したのが学校現場からの修繕依頼業務でした。たとえば、学校で使っていたボールの空気が入らなくなって、その分を追加で注文するとき、ボールを写真に撮って申請書類に記入して郵送で送るというのがこれまでの流れでした。しかし、そのような用件は他の学校からも来ますし、届いた教委側も大量の紙にまみれてしまって管理がしにくく、進捗も把握できません。

でも、それって全部デジタルで管理できるんです。修繕依頼をデータベースで一覧化することで、見積もり待ちが何件あるかなどを把握できますよね。また、担当者しか状況を把握しておらず、その人が休んでしまったら仕事がストップしてしまうということも、情報共有の方法を改善することでなくなります。

妹尾：たしかに、紙で管理しているために情報共有が不徹底なところや、属人的な仕事の仕方をしているところなど、教育委員会と学校の業務には改善の余地がありそうですね。

あとよくあるのは、文科省や教育委員会が教頭先生にアンケート調査を依頼したとき、回答の仕方がよくわからなくて電話で問い合わせるなど、教頭と担当者の1対1の対応になっているということです。

そもそものアンケート設計に問題があるのではないか、という点もありますが、電話対応ではお互いの時間がもったいないですし、一つの学校がわからないということは、他の学校もわからない可能性が高いのに一人ずつに対応しているんです。

なかむら：たぶん、別のやり方があることを知らないために、従来のやり方になってしまうのだと思うんです。教育委員会も業務を効率化したいと思ってはいるけれど、仕事量が多すぎて、そこにリソースを割くことがなかなかできない。だから、BPRを外からの視点を入れずに教育委員会や学校だけでやろうとすると、すごくむずかしくなってしまうんです。今回、はじめて現場を見させてもらうなかで、教育委員会も学校現場も、お互いパツパツのなかでやっているということがよくわかりました。

妹尾：学校が多忙だということは、メディアでも報道されて世間的にも認知は高まってきましたが、教育委員会も課によっては学校よりも忙しく、終電ギリギリまで働いていたりしますよね。だから、教育委員会と教頭先生の負担軽減は、コインの裏表の関係と言えるかもしれません。教育委員会が忙しくて改善が進まないと、教頭の仕事も改善しませんから。

なかむら：先ほどもお伝えしたとおり、教育委員会の業務を軽減することが結果的に学校現場の業務の軽減になります。お互いの業務が改善できたら、教育委員会の人も現場も喜ぶ。そこをめざしていきたいと思っています。

人事・総務を請け負う教頭

妹尾：教頭先生の仕事をGoProを通してご覧になって、ほかに印象的だったことはありますか。

なかむら：教頭先生が印刷にかなりの時間をかけていたことに驚きました。教育委員会からの書類をプリントアウトして、全クラス分印刷しているんですね。あと、印刷機が置いてある部屋があるということにも驚いたのですが、そこで教頭先生が大量に印刷をして、紙を補充してまた印刷して、その間ずっと待って……。

　会社ではいわゆる総務・人事が担っている仕事を、学校では教頭先生一人でされているということを初めて知りました。たとえば、児童生徒が300人規模の学校だと、教員はおそらく50人くらいいて、その人事・総務を教頭一人がされている。かつ、教員不足により教頭が授業を担当している学校もあり、それは忙しいですよねと思いました。

妹尾：そうですね。お忙しい日々を送っているなと思うと同時に、これって教頭がやらなくていいのでは、と思うことも多々あります。でも、先ほどの話にあったように、書類の提出の仕方など、おおもとの教育委員会の業務の流れで非効率なところもあるから、学校に焦点をあてて働き方改革をしていくのは限界がある、ということですね。

なかむら：そうなんです。そこを強く伝えていきたいです。

できるのにやっていないギャップを埋めたい

なかむら：もう一つ驚いたことがあるのですが、教育委員会の方に学校に関する書類を管理しているフォルダを見せてもらったら、おそらく何千種類もの書類のフォーマットがあったんです。効率化できることもあるのにそれができていないために、仕事の時間が増えているということが本当にもったいないと思いました。外部の私たちが提案できる効率化のアイデアがあるのに、それを使うことができないために、中にいる教育委員会や学校の先生方が疲弊している。そこのギャップを埋めたいです。

妹尾：やはり、先生はがんばってしまう人が多いので、従来どおりのやり方にも耐えてしまうんですよね。ひっくり返そうとする人もなかなかいなくて、みんな順応してしまうというか。不満はあっても、異動があって、なかなか改善につながりにくいのかもしれません。でも、我慢しすぎると、解決、改善にはつながりません。

お悩み

コロナ禍のコミュニケーションに悩んでいます

妹尾：コロナ禍で飲みニケーションがなくなったことにより、従来のコミュニケーションがだいぶむずかしくなっていますよね。そのため、世代間のギャップがますます深まり、あまり人と協力しようとしない教職員が出てきてしまい、どうしたらいいか困っていますというお悩みです。学校のチームワークを活性化するためには、どうしたらいいのでしょうか。

意図的に雑談時間をつくる

なかむら：民間なら、たとえば3時からおやつの時間をとりましょうとか、リモートでもみんなでお菓子を食べながら雑談の時間をとりましょうといったことをしたりするのですが、学校現場ではとりあえず、コミュニケーションをとるということ以前に、まずは休憩時間をとることを最優先にしていただきたいなと思ってしまいます。

妹尾：おやつタイムもとれないことはないでしょうが、子どもがいる間は気が抜けず、なかなか休憩もできませんよね。給食の時間含め、学級担任がずっと見ていなくてはいけないので、トイレに行く暇もないというのが小学校や特別支援学校などではよく聞く話です。

コミュニケーションに関して言うと、出張に行ったときのおやつを配ったりしている学校はありますが、そういう自然発生的な雑談やコミュニケーションだけに任せるのではなくて、意図的に場をつくっていくことは大切かもしれませんね。もちろん、強制参加とかではなくて。

なかむら：サイボウズが民間企業の研修でもよく伝えているのは、定例会議の前半10分間を雑談タイムにして、喋ってから会議をするといいですよということです。あまりハードルが高くないので、取り入れやすいかと思います。学校でも、職員会議の冒頭の10分間はお菓子を食べながらみんなでワイワイ喋ってからいつもの職員会議をするだけでも、全然違うと思うんです。あえてそういう工夫を入れるのはとても大事だと思います。

妹尾：もしかしたら、忙しいので新しいことはやらないでほしいという先生がいるかもしれません。丸つけをしないと、とか、家庭の用事があるからとか、それぞれにいろいろな事情があって、新しいことを取り入れるのは、確かにむずかしい部分もあると思います。でも、目の前のことを一生懸命がんばるあまりに、中長期で大事にしていくべきことがおろそかになってしまうことが心配です。今の状況のままで、先生同士の関係構築は大丈夫なのかと気になっています。

先生方って、子どもの情報はよく共有するけれども、お互いのことは知らないまま仕事に追われていたりしますよね。もう少し職場のコミュニケーションがあったら、不慣れなことでもすぐ聞けて、仕事もスムーズにもなるし、楽しくなるのではないかと思います。

なかむら：コミュニケーションをどうとっていくか、というのは民間企業も悩んでいるところです。今はとくにリモートでの仕事が増えていますし。そういう社内のコミュニケーションや校内のコミュニケーションをどうしているのかという情報収集は、どんどんやっていけるとよいと思います。

妹尾：チームワーキングをよくするために気をつけたほうがいいことはありますか。

なかむら：組織には場づくりとチームづくりの2つがすごく大事で、かつ、この2、3年間はコロナによって、今までのやり方を変えながら、再構築しないといけない状況に置かれていると思います。多くの民間企業では働く場も会社から家に変わり、オンラインになって対面で仕事ができなくなり、どうチームをつくっていくのかが課題となっています。そんななかで一番大切なのは、チームは一度つくったら終わりではなく、常に再構築していくということです。

コミュニケーションも同じで、学年を超えた先生同士のコミュニケーションの場を月に1回でも設け、その場づくりを続けることで、学校の雰囲気はすごく変わってくると思います。

管理職の「やってみたら」が学校を変えた

なかむら：鹿児島の中学校にかかわっていたとき、一番変化したのが校長先生だったということがすごく印象的でした。今までその校長先生は、若手から新しい提案をされても、校長先生自身がやったことがないことは許可を出していいのかがわからず、相談にも乗れなかったそうなんです。

でも、若手の提案に対して、校長先生から「やってみたら」と言うようになったら、若手がすごく動き出して、学校の雰囲気が変わった、という変化が半年間で起きました。

妹尾：その校長先生はなぜ、そういう声かけができるようになったのでしょうか。

なかむら：私たちサイボウズが、どうやってブラック企業からホワイト企業になったのかという話を先生方にしたとき、そこから感じ取ってもらえたようです。私たちも社内交流するための仕組みや制度づくりをやるのですが、実際に使い始めたのは新入社員や若手なんですよね。変化が若手社員から起こったところがあって、若手がやろうとするのを妨げないことがポイントだなと思いました。

妹尾：そうだったんですね。新しい挑戦を学校がどれだけしようとするかは、コロナ禍の休校期間中に如実に差が出てきたと思います。挑戦した学校もあれば、他校はやっていないからやらないという学校もありました。やらない理由を並べるのが得意な人も多いんですよね。

たしかに、子どもの安全にかかわっている仕事である以上、危機を回避することは大切ですから、保守的、慎重になりがちなのは理解できます。とは言っても、あまりにも萎縮したり、挑戦をやめてしまったりすると、職員のモチベーションが下がるし、子どものためにやりたいと思ったことも、どんどんできなくなります。

なかむら：そうなんですよね。先ほどの校長先生のように、若手も「やってみたら」と言われたら、すごくモチベーションが上がります。だから提案を無下にせず、任せることはすごく重要だなと思いました。

妹尾：僕は学校が縮こまっているのは、忙しさだけが理由ではないと思っていて、どんどん挑戦を奨励する場をつくっていくことが大事ですよね。

なかむら：その校長先生は、GIGAスクールの推進にあたって自分はICTに弱いからと、それを隠そうとされていたそうです。でも、そうした対応を続けるうちに、推進や業務改善を止めているのは自分だと気づいたそうです。このままでは、自分がいた数年間、この学校は何も変わらずに終わってしまうと。

このままではいけないと思い、「私はわからないから、任せるよ」と言うようになってから、すごく楽になったとおっしゃっていました。どんどん若手に任せた結果、自分がやるよりもスピーディに進むようになり、自分もすごく楽になり、動きやすくなったというのは大きな変化ですよね。

妹尾：その校長先生のように、自分の今までの当たり前やマネジメントスタイルをリフレクションして変えていくのって、簡単ではないですよね。学校は企業と違って競争の世界ではないので、潰れることはありません。だからこそ、今回のような外部からの刺激や、若手との交流や対話が大切なんですね。

なかむら：対話という点では若手と管理職に溝があるのが気になりました。溝というのは、若手の先生は管理職は何も聞いてくれないと思っていて、管理職はそれに対して「ほら、彼ら何もしないでしょ」という感じだったんです。鹿児島の学校では、そこに私たちが入って管理職と私たち、他の先生方と私たちというふうに1on1をしました。

そこで聞いたことを管理職、若手に対してそれぞれ通訳したところ、はじめてお互いが考えていることを理解できたようでした。会話が足りなかった、一言で言うとそれだけなのですが、会話する時間を奪っているのが、非効率な仕事の仕方なんです。

「働き方改革」という言葉への疲れ

妹尾：そもそも、働き方改革という言葉自体を見直すべきではないかと思います。

なかむら：学校現場は働き方改革という言葉に飽き飽きしていますよね。それは民間も一緒かもしれませんが、もうお腹いっぱいという学校も多いのではないかと思います。

でも先生方って、どんな状況にあっても自分たちががんばらなければと、一生懸命になってしまうんです。だからこそ、働き方改革をしましょう、ではなく、先生方の目線に沿った進め方が必要だということを私たちも学びました。

妹尾：働き方に対するニーズは一人ひとり違うから、それぞれのニーズをしっかり聞くことが大切なのに、「働き方改革」という言葉で丸めすぎな気がします。働き方改革＝時短という認識になっているのも、うまく進んでない原因の一つかと思います。

なかむら：そうなんですよね。学校の働き方改革において問題なのは、「あなたはどう働きたいですか？」と聞いてくれる人がいないということです。サイボウズではそれぞれの話を聞くというのは当たり前のようにしていることなのですが、先生方と1on1をしたとき、こんなに自分の話を聞いてくれる人はいなかったと、とても新鮮だったそうです。それには私たちも驚きました。

妹尾：やはり、学校の働き方改革はまだまだ偏っていますね。それぞれのニーズや、いろいろな生活スタイルや働き方があって、一人ひとりの幸せな時間を大事にしましょうということを強調したいです。

とはいえ、トイレに行く暇もないとか、過労死ラインを超えているというのは異常なことなので、ある程度の時短は大事という、その両方をうまく伝えていかないといけませんね。

また、一人ひとりの先生の声を聞くというのは教育行政にとっても重要なメッセージで、ただアンケートをとったり、ストレスチェックを受けさせて終わり、という方法は見直す必要があると思っています。

教育委員会の改善が教職員の幸せにつながる

なかむら：最後にもう一度お伝えしたいのは、サイボウズは学校の先生方の業務改善を進めるために、個々の学校・先生ではなく、教育委員会に焦点をあてて、動いているということです。予算がついて事例化することができたら、より多くの教育委員会の改革をしていきたいと思っています。教育委員会の効率化が現場の効率化につながるので。

妹尾：とてもニーズがあると思いますし、負担軽減を通して、賢く仕事の質を高くしていくことは大事ですね。

なかむら：今回の学校BPRを通して、業務が効率化されることで幸せになる人がたくさんいることを知ることができたので、引き続き現場の伴走を続けていきたいと思っています。

2 教頭が困っているのは、困った校長のせいかも

お悩み

同じ管理職でも校長と教頭では大違いです。教頭は家庭・地域の窓口になりますし、教職員からの苦情や要望も教頭が矛先になることが多いです。コロナ対応にいたっては、教頭がすべて担当しています。それなのに、本来校長の業務と思われることまで、面倒くさい仕事を押しつけられています。校長になるために地獄の教頭時代を我慢するしかないのでしょうか?

（北陸、中学校、教頭）

我慢するだけでは、問題が共有されない

今回も教頭先生からのお悩みです。「地獄の教頭時代」と書いてくださっているように、ホントたいへんな日々を過ごしている副校長・教頭（以下、教頭）は、少なくないと思います。教職員はそんな教頭先生を間近で見ていますから、教頭のなり手不足も起きますよね。

そして、教頭も管理職だからと、「管理職であれば、我慢しなければならない」といった文化・思い込みのせいで、今回のお悩みのような、困った校長の存在や、学校組織マネジメントの機能不全があまり可視化されないまま、教育委員会等に深刻なものとして認識されてこなかったという問題もあるのではないでしょうか。

国の審議会などでも、「校長のリーダーシップのもと」といった用語はよく出てきますが、リーダーシップを発揮しない校長をどうするかという問題、あるいは発揮の仕方がまちがっているケースについての検討は、非常に甘いと思います。文科省の役人のなかにも、困った局長や課長のもとで働いた経験のある人もいるはずなのですが……。

教頭の一番の理解者は校長のはずだが

さて、わたしがよく校長先生向けの講演・研修などで申し上げているのは、以下のことです。

校長先生のほとんどは教頭経験者で、「あの頃はたいへんだった」とおっしゃる人は多いです。つまり、教頭の業務を、場合によっては教頭以上に一番熟知しているのは、校長先生方ですよね。

なのに、**校長になったとたん、「（私は帰るけど）教頭先生、あとはよろしく」とか「私が教頭の頃は、このくらいのことはやっていた」などという態度をとる人がいるのは、どうしてでしょうか？**

苦笑いされる校長先生が多いような。妹尾は校長会などから謝礼をいただきながらも、嫌われ者になるようなことを申し上げているので、珍しい部類だと思います。

さて、背景、事情はさまざまでしょうが、ひとつは、前述のような支援の薄い校長先生のなかに、ご自身が教頭や教務主任等のとき、似た仕打ちを受けてきた人がいるからなのかもしれません。「校長になると、それでいいんだ」という誤った学習をしてしまっているわけです。

また、「校長が忙しくなり過ぎるのは、いけない」という信念をもっている人は、校長先生だけでなく、教頭先生や教職員にも少なくないのではないでしょうか。わたしも少し前までそう捉えていました。学校には、生徒指導事案や保護者からのクレームなど、突発的で緊急性のあることが起きることも少なくありません。そんなときのためにも、ある程度、組織のトップ（校長）には余裕、スケジュールのバッファがないといけない、というわけです。

これは一理あるかもしれませんし、わたしも「校長は細かいことまで首をつっこめ、マイクロマネジメントをしろ」と言いたいわけではありません。

しかし、よく考えてみると、企業などでも社長や所長のなかには、会議などをたくさん抱えて、分刻みで動いている人も少なくありません。学校ほどではないかもしれませんが、緊急対応が必要なことも起きます。緊急時はその時々で、優先度を考えて動けばよい、ということかもしれません。

つまり、トップにバッファがすごく必要とは必ずしも言えないのではないか、と考え直しています。

それに、多少なりとも余裕が必要なのは、教頭先生だってそうです。以前、ある養護教諭が教えてくれました。「正直、私たちもすごく忙しいです。でも、なるべく忙しくないように見えるようにしています。そうしないと、子どもも、教職員も寄って来てくれません」。同じことは教頭先生にも言えます。忙し過ぎる教頭には、教職員は相談などをしづらくなります。

ほかの背景もあるかもしれません。教頭や妹尾には見えていないけど、校長には校長なりの事情や配慮がある場合だってあるでしょう。たとえば、自分で考える癖《くせ》がついていない、なんでもかんでも校長の判断待ち、指示待ちの教頭も少なくないので、いったん任せるようにしている校長先生もいるかもしれませんね。

とはいえ、「地獄」とまで言わしめるほどの過重労働でストレスフルな日々では、教頭先生の心身の健康上もよいはずがありません。では、どうすればよいでしょうか。

同志はいるはず、一人で我慢しないで

まずお伝えしたいのは、お仲間を探しましょう、ということです。こうしたお悩み、きっとあなただけが抱いているものではありません。市区町村の（あるいは都道府県の）教頭会などで組織的に動けないでしょうか。

「校長ガチャ」と呼ぶと、やや語弊もあるかもしれませんが、校長先生の人となりやマネジメントスタイルによって、あまりにも教頭先生の仕事内容や負担に差がある状況は、望ましい状態とは思えません。仮にあなたの勤務校の校長先生が変心したとしても、校長先生またはあなたの異動後、またたいへんになることも想定されます。

何を旗印にするか

教頭会などで組織的に動けるかどうか、またその後がうまく運ぶかどうかを左右するのは、なんのための問題提起や提案なのかということだと思います。今回のお悩みで「地獄の教頭時代」と形容されているように、教頭先生の負担軽減やストレス軽減は非常に大事だとわたしも強く感じています。ですが、あえて、そこを強調し過ぎないほうがよいのではないかとも思っています。

というのも、「教頭の負担軽減になんで校長が付き合わないといけないんだ？」などと感じる困った校長先生も一部にいるからです。また、教育委員会職員も（よくないことですが）学校以上に忙しいなか、教頭の負担軽減というイシューが、教委の優先順位の上のほうに来るでしょうか？　冷たいようですが、これまで教頭の負担軽減があまり進まなかった背景についてもふまえておく必要があると思います。

わたしは**「学校の組織力向上」とか「教職員の人材育成の推進」というのを錦の御旗にしたほうがよい**と考えます。ご案内のとおり、今、若手の教職員も増えていますし、あるいは児童生徒との関係づくりや学級経営などで苦戦している中堅・ベテラン職員もいます。教頭職が本来業務である、教職員の支援、育成やチームビルディングに力と時間を割く必要性は高まっていますよね？

そのために、教頭を事務作業などで忙殺させてはいけない、校長などからあれこれ頼まれる「何でも屋」のままではいけない、ということをお話ししていく必要があるのではないでしょうか。

Win-Winなところを攻める

次に、教頭会（あるいは次善策としては教頭の有志の集まりなど）として多少動ける場合、どこと相談、交渉するかです。

素直には校長会と、ということでしょうが、わたしはこの選択肢には懐疑的です。というのも、教頭に難題を押しつけようとする校長は、自身が教頭や教務主任だったとき、そういう校長を見て学んできた可能性が高く、これをアンラーニング（学習棄却）するのは、そうすぐに進むものではないからです。

また、お悩みの文中にある「面倒くさい仕事」の多くは、校長先生が作り出したというよりは、教委からの依頼の調査であったり、手続きだったりすることもあるでしょう（生徒指導や保護者との交渉などは違いますが）。であれば、教委ともっと相談していく必要がありますよね？

なるべく早く、教委、教頭会、学校事務職員の代表などの会議をもつべきではないかと思います。必要性の乏しい仕事、仕事のための仕事のようなものを英語では「ブルシットジョブ」と呼ぶそうですが、**ブルシットジョブ撲滅運動を、関係の深い上記3者で協議**します。もちろん、校長会とも連絡はしながら（のけ者にすると、へそを曲げる人がいるので）。

これは、教頭先生のためだけではなく、上記3者（プラス校長先生）にとってもメリットがある話のはずです。

教頭先生が我慢し続けるだけでは、いつまでも改善は進みません。変えるのも、もちろん手間はかかりますが、地獄から抜け出すのに蜘蛛の糸が垂れて来るのを待っているだけでいいとも思いません。

3 教員がたいへんだからといって、ほかの職員は負担増？

お悩み

学校の働き方改革に関して文部科学省が通知（2023年2月3日）[*18]を出しましたが、そのなかで学校徴収金については「事務職員が一括して管理する等の方法により、教師が関与することがない仕組みを構築する等の取組を進めること」とあり、事務職員の働き方改革に逆行するような気がして、戦々恐々としています。学校事務職員も加配は少なく一人職であることが多く、しかも非正規雇用も増えています。学校業務に加えて共同学校事務室業務もあり、すでに手一杯です。（近畿、中学校、事務職員）

＊18　文部科学省「令和4年度教育委員会における学校の働き方改革のための取組状況調査結果等を踏まえた『令和3年度教育委員会における学校の働き方改革のための取組状況調査結果等に係る留意事項について（通知）（令和4年1月28日付け3文科初第1889号初等中等教育局長通知）』の補足事項について（通知）」2023年2月3日。

誰かが犠牲になる働き方改革でよいのか？

働き方改革や業務改善と言っても、「負担がほかの人にいくだけ」「誰かはガマンしないといけない」というのでは、どうなのかなと思います。もちろん、誰かがやらないといけないことはあるのでしょうが、**なるべくWin-Winにできる方法はないか**など、考えたいです。

お悩みに戻ると、文科省の通知の趣旨は、学校の働き方改革について、あまり進捗していない教育委員会もあるので、こういう点を留意して取り組んでほしい、というものです。具体的な取り組みのひとつとして、学校徴収金についても言及があり、「各教育委員会の権限と責任において取組を進めることができるものについて、積極的に各教育委員会の事務として取り扱うこと」とあります。つまり、学校の負担からは切り離して、なるべく教育委員会の仕事にしてください、というのが原則論なんです。

ただし、市区町村内で統一しやすい給食費は別として、教材費や修学旅行費、部費などは、学校ごとにバラバラで、教育委員会の業務に移行しにくいという事情もよくうかがいます。とはいえ、教材費については、東京都町田市のように、学校の裁量を残しつつ公会計化を進めているところもあるようです。

業務そのものの必要性から考える

さて、「教育委員会がやるのか、学校がやるのか」「学校でやらないといけない場合、担任（学級、教科）がやるのか、教頭なのか、事務職員なのか」といった役割分担論にいく前に、検討したいことがあります。それは、**業務そのものの必要性や進め方を見つめ直す**ことです。ＢＰＲ（Business Process Re-engineering）などとも呼ばれる業務改善の基本です。

たとえば、お悩みの例から逸れますが、宿題の提出状況をチェックし、丸つけをして、コメントを書く。これを担任がやるのか、一部はサポートスタッフが担えるのか、といった話をする前に、そもそも、上記の業務は必要なのか、考える。個々の児童生徒の学力や関心に応じた宿題を出し、採点などもしてくれるＡＩ教材やアプリはかなりありますから、丸ごと機械にお願いするというのもひとつの選択肢です。

似たことが学校徴収金にも言えます。集金や督促というのは、民間でも多々あることなので、今の時代、かなり便利なツールやアプリが開発されています。

先日、ｅｎｐａｙ（エンペイ）というアプリを導入する公立小学校の事務職員の方から話を聞きました。このアプリでは、保護者のＬＩＮＥにメッセージがいき、支払いを促すことができます。保護者にとっても便利で、スマホ決済やコンビニ払いなどができますので、学校で指定される、メインバンクとは限らない口座の残高を気にする必要がなくなります。督促もボタンひとつですぐに可能です。

なぜ、こういう仕組みを導入しようとしたのでしょうか。この事務職員さんによると、集金袋での手集金はもちろん教員の負担が重いですし、紛失などのリスクも高い。一方で、口座振替・引き落としでも、結局一定の事務量は残り、事務職員や教頭の負担はかなりある。多くの人にとってなるべく負担軽減になる方法はないかと探していて、行きついたとのこと。

もうひとつ、誰が担っても、重要なのは保護者負担の軽減です。教材費や修学旅行費などは、相当な家庭負担ですよね。学校事務職員は就学援助なども担っていて、困窮している家庭が少なくないことはよくご存じでは。各教科担当等の言い値ではなく、本当に必要な教材等なのか、金額は妥当なのか、公費負担にできる余地はないのかなども検討してほしいです。もちろん、こうしたことも教育委員会がやるのか、学校でやるのかは議論していくべきだとは思います。

最後にもう一言。今回のお悩みに関連しますが、より責任のあることや高度な業務を追加で任せたいなら、非正規職でいいのか、業務のスクラップ&ビルドはできているのかなども含めて、教育委員会はよくよく考えてほしいです。

ポイント解説10 仕組みで解決

「意識改革が必要」は本当か？

シンポジウムや研修会などに参加していると、教育長や校長先生などから「学校の働き方改革には、教職員の意識改革が必要だ！」という言葉をたびたび聞きます。もう百回くらいは聞いたような（ちゃんと数えていませんが）。

みなさんは、どうお考えになりますか。

世の中、「半分くらいは当たっているけど、残り半分はちがう」ということはよくあります。そうゼロか百かで割り切れるものではないのです。冒頭のような〝訓示〟（あるいは〝お説教〟？）をうかがったとき、わたしは「意識だけのせいにしたらアカンで」と心のなかでツッコミを入れています。

確かに、時間の価値を重視することは大切です。

学校では、授業準備や児童生徒の提出物への添削、行事の企画・準備、部活動の指導など、質を上げようとするとキリがない業務もあるので、つい時間をかけて、より丁寧にやろうとする方も多いです。ですが、時間は有限ですから「ちょっと遅くなってもいいや」という意識では、生産性（わたしは「時間対効果」と言い換えたほうがしっくり来るように思います）はなかなか高まりませんし、夜遅くまでがんばっても、疲労がたまるようでは翌日以降マイナスです（ポイント解説4も参照）。

また、学校の外で視野を広げたりするなど、自己研鑽などにエネルギーと時間をかけるためにも、限られた時間で一定の質を上げるという意識にもっていくことは大事です。

しかし、先生方の意識改革だけで大きく改善するほど、事態は甘くありません。

それに、「意識改革が重要だ」という言葉の裏には、ひょっとすると、教職員個々人の心がけや努力のせいにして、自分たちの役割から逃げようとする心理が隠れているかもしれません。働き方改革には組織的な動きが不可欠なのに。

属人的に仕事を進めていませんか？

組織的な動きをするというのは、属人的な要素で成果が左右されにくくするということを含みます。わかりやすい例が校務分掌の分担です。今年度の４月当初はいかがでしたか？

教職員のなかには、校務分掌が発表されたとき、何の担当をするのかなと、自分の名前の数を数えたという人も多いのではないでしょうか。また、分掌をつくった校長先生も、大まかな分担を決めたら、それで仕事をした気になっていませんか？

そうした職場では、結局は個々人の力量や忙しさ等によって、校務分掌の進み具合や成果はかなり変わってくると思います。少々意地悪なことを申し添えれば、それがわかっているから、むずかしい分掌には任せて安心な人材を置いたのでしょう。ですが、そうなると、特定の人はいっそう忙しくなってしまいますし、その人が病気などになったとき、困ります。

また、公立学校では異動も頻繁ですが、引き継ぎはどれほどできているでしょうか。文書もほとんど残っていないとか、後任者にとってどこに何があるのかわからないケースもあると聞きます。そこまでひどい例は稀かもしれませんが、校務分掌を初めて担当する人であってもわかりやすいように、進め方が手引きやマニュアルになっている例は、少ないのではないでしょうか。これも属人的な仕事の進め方です。

「仕組み（しくみ）」とは、誰でも同じ質の仕事ができるようにするシステムのことを指します。[*19] 上記の例は個々に分掌を割り振るだけで、仕組みが弱いのです。

対照的に、ある中学校では、各分掌でいつ、誰が、どんな業務をしているのか洗い出し、「業務プロセスシート」という共通フォーマットで整理しました（前述の大根さんの実践、**図表6－1**）。細かな業務ごとにだいたい標準的にどのくらいの時間がかかるかも記入し、職員間で業務負担の不均衡が大きいことを可視化したのです。

たいてい負担の重い人（たとえば、教頭先生、研究主任など）は、「ほかの人とは分担しづらい仕事が多い」と言うのですが、細かく分類してみると、その人でないとできないわけではないものもあると気づきます。その中学校はそうして一部の分担を年度途中に変更しました。こうして、見直しをしてみて、実は一番負担軽減になったのは教頭先生の業務

図表6－1　業務プロセスシートの記入例

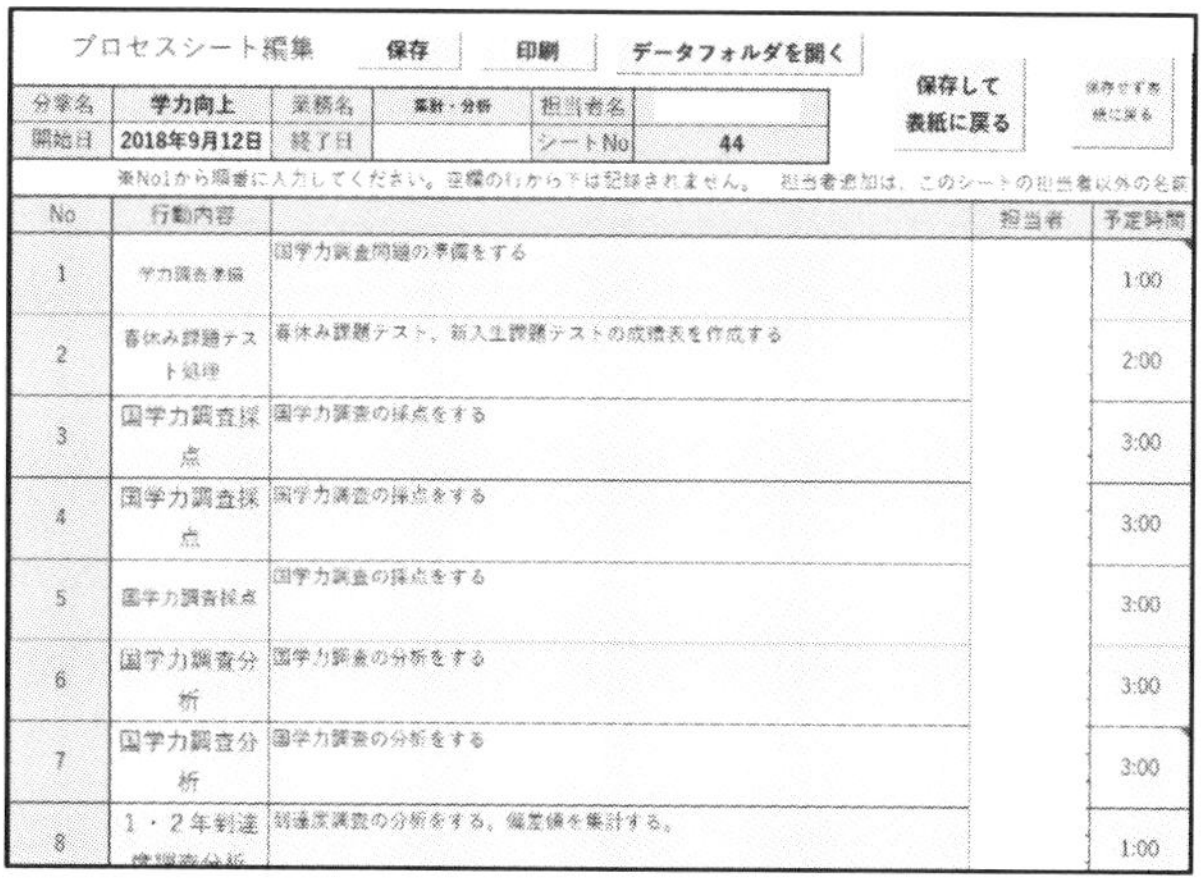

プロセスシート編集　保存　印刷　データフォルダを開く　保存して表紙に戻る

分掌名	学力向上	業務名	集計・分析	担当者名	
開始日	2018年9月12日	終了日		シートNo	44

※No1から順番に入力してください。空欄の行から下は記録されません。　担当者追加は、このシートの担当者以外の名前

No	行動内容		担当者	予定時間
1	学力調査準備	国学力調査問題の準備をする		1:00
2	春休み課題テスト処理	春休み課題テスト、新入生課題テストの成績表を作成する		2:00
3	国学力調査採点	国学力調査の採点をする		3:00
4	国学力調査採点	国学力調査の採点をする		3:00
5	国学力調査採点	国学力調査の採点をする		3:00
6	国学力調査分析	国学力調査の分析をする		3:00
7	国学力調査分析	国学力調査の分析をする		3:00
8	1・2年到達	到達度調査の分析をする。偏差値を集計する。		1:00

出所）大根誠「学校業務を『見える化』する手法の開発と実践」、『金沢大学大学院教職実践研究科実践研究報告書』第2号、2018年度、174頁、表1　校務分掌プロセスシート

＊19　泉正人『自分とチームの生産性を最大化する 最新「仕組み」仕事術』ディスカヴァー・トゥエンティワン、2017年

だったそうです。

また、若手の先生も増えているなかで、業務プロセスシートがあると、初めて担当する人でもいつどんな仕事があるか見通しが立つので、便利です。

こうした実践は脱属人化で、仕組みで仕事を進めている例のひとつです。付け加えるなら、業務の洗い出しをしたうえで、必要性が低いものはやめたり、進め方を変えたりする業務改善までできるとよいと思いますし、ひとつの中学校だけでなく、自治体全体の動きにできるとなおいいです。

「意識改革が必要だ！」とかけ声だけ強めるよりは、手間はかかります。ですが、働き方改革というのはこういう地道なこともとても大事なのであって、特効薬がある世界ではありません。

仕組みの仕事術

「仕組み」とか「脱属人的な仕事」と聞くと、ちょっとむずかしそうに聞こえるかもしれませんが、みなさんの周りにもいろいろな例があります。典型的なのは教科書と指導書です。初めて教える先生でも、ある一定水準の授業はできるようにする仕組みです。

最近は採点でICTを活用する学校が増えてきました。串刺し採点と言って、同じ設問を一度にパソコン上でチェックでき、先生が丸をつけたあとで集計（観点別評価なども）は自動でされます。ものによっては記述式も機械、AIが読み込み採点の補助をしてくれるものもあります。人による採点や集計のミスを減らし、時短にもつなげる仕組みのひとつと言えます。

さて、「教師の仕事は、そんなマニュアル化できることやＩＣＴを活用できることばかりじゃないよ」という声が聞こえてきそうですね。

確かにそのとおりです。むしろ仕組みを活用する意味は、仕組み化しやすい仕事はなるべく短時間でミスなく済ませ、仕組み化しにくい仕事にもっとみなさんのアタマを使えるようにするためです。「指導書どおりだけの授業じゃ、ダメでしょう」というのと同じです。でも、どんな授業、学びにするのか、クリエイティブに考えられる時間を捻出することが先決です。

1と2の教頭先生のお悩みに引き寄せると、一番の問題のひとつは、事務作業などに忙殺されて、本来教頭先生が時間とアタマと心を使わないといけないところに使えていないところですよね。本文中にも解説したとおり、少々面倒でも夏休み中などに一度教頭先生の業務をリストアップして、仕分けをしていく必要があると思います。

さらに、いったんできあがった仕組みを是とばかりにせず、アップデートしていくことも必要です。たとえば、授業研究会での指導案の活用は、仕組み化の一例と言えます。ですが、指導案の精度を高めることばかりに集中して、手段が目的化してしまっては、肝心の子どもたちの学びを豊かにするといった本来の目的からは離れてしまいます。

「ちょっと手間がかかり過ぎている」とか「ストレスがかかる」、「ミスが多い」と感じる業務は、みなさんの周りにもありませんか？　そこに仕組みで解決、改善できる余地はないか、検討してみましょう。個人の意識や努力のせいにする前に。

ポイント解説11

教頭の負担軽減は教育委員会の業務改善とセット

その手続き、作業、「仕事ごっこ」では？

1と2の教頭のお悩みについて、学校独自のルールや慣習、あるいは校長のマネジメントスタイルのせいで仕事が増えている側面もあるかもしれませんが、教頭業務の多くは、都道府県や市区町村の教育委員会からの依頼、ルール、慣習によるものではないでしょうか。だとすれば、各校だけで改善しても限界があります。市区町村などで統一的に取り組む必要があるわけですから。

たとえば、学校って、なにか壊れたり破損したりすることって日常茶飯事ですよね。教育委員会に依頼して直してほしいときは、どんな仕事や書類が発生しますか？　学校や自治体によっても多少の違いはあると思いますが、**図6－2**は三島市の例です。以前は、教員が破損個所をデジカメで撮影。その写真をＵＳＢメモリで校務用のＰＣに取り込み、エクセルに貼り付け。依頼書を作成して、メールで市教委に送付。対応履歴は電話やメールで教委と学校との間で、つどつど確認し合っていました。

三島市では、この手続きを大幅に簡素化しました。教員がタブレットで撮影。そのタブレットから、グループウェアを活用して修繕依頼を送信。依頼や進捗は、市教委も学校も一覧になったもので確認できる仕組みにしています。

Chapter5のクロストークでもご紹介した沢渡あまね著『仕事ごっこ』（技術評論社、2019年）という本が参考になるかもしれません。「仕事ごっこ」は著者の造語ですが、「生産性やモチベーションの足をひっぱる厄介者と化した仕事や習慣」、「コラボレーション、ひいてはその組織とそこで働く人の健全な成長の邪魔をする形骸化した仕事や習慣。あるいは、仕事のための仕事」のことを指します（同書6頁）。

英語ではブルシットジョブ（Bullshit Jobs）と呼ぶそうですが、所詮は、「ごっこ」。仕事をしたふりをしているだけのもの、と言うと失礼かもしれませんが、先ほどの修繕業務の改善前では、なくてもいい工程や作業が

図表6－2　三島市における修繕業務の改善例

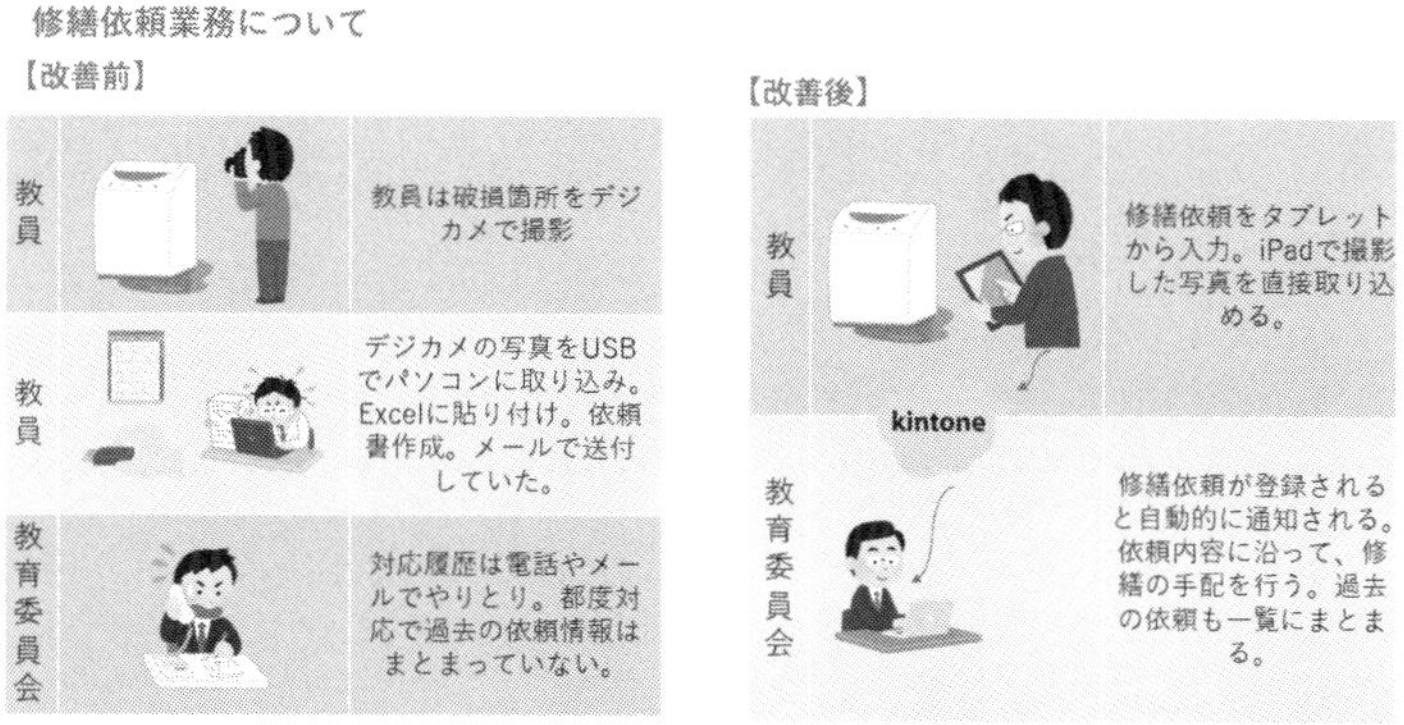

出所）経済産業省『2021年度「未来の教室」 学校BPRプロジェクト～教員のチーム化により実現する働き方改革～ 成果報告書』サイボウズチームワーク総研
https://www.learning-innovation.go.jp/existing/doc2021/11_Cybozu_disclosed.pdf?230315

けっこうありましたよね。

あなたの周りにも似た例はありませんか？

たとえば、わたしの場合、教育委員会や校長会等から依頼を受けて研修講師をするときが多いですが、メールで承諾返事をしているのに、別途承諾書（それも押印付き）を郵送せよ、という連絡をもらうこともありますし、振込先情報としてわざわざ通帳の表紙コピーの提出を要求されることもあります。

とある有名企業からも、請求書をＰＤＦでメール送信したところ、原本も郵送してくれと言われました（苦笑）。企業も〝お役所的〟なところはたくさんありますね。

自分の時間を生きていますか？

また、学校や教育委員会の方のなかには、メール等で済むのに電話をかけてくるのが好きな人もかなり多い印象があります。ハッキリ申し上げると、相手の時間と集中力を奪っているという意識が低いのではないでしょうか。たまにメールで「本来、お会いして（あるいはお電話で）ご挨拶するところ、すみません」と書いてくださる方がいますが、むげに相手の時間を奪うほうがよほど失礼だと思います。

もちろん、直接会って（あるいはオンライン会議などで）、相談したほうが豊富なアイデアが出るといったこともありますので、時と場合によりますが。

ホリエモンこと、堀江貴文さんは、電話に出ないことで有名です。ちょっと極端かなとは思う部分もありますが、堀江さんの言うことには納得がいく点もあります。一部を引用しましょう。[*20]

限られた時間しかない人生。いつも多動でいるためにいちばん大事なこと。それは、1日の時間の中から「ワクワクしない時間」を減らしていくことだ。（中略）「自分の時間」を奪う最たるもの。それは「電話」だ。僕は「電話に出ないキャラ」を確立している。（中略）電話は多動力をジャマする最悪のツールであり、百害あって一利ない。仕事をしているときに電話を鳴らされると、そのせいで仕事は強制的に中断され、リズムが崩れてしまう。（中略）

他人の目を気にしすぎて、「自分の時間」を生きていない人が多い。限りある人生、「自分の時間」を無条件で譲り渡すようなことをしてはいけない。多くのビジネスパーソンは、上司や先輩の怒りを買わないように無意味なルールに縛られ、「他人の時間」を生きている。

今回のお悩みで集中タイムなどを提案しているのも、教頭先生をはじめ、みなさんに「ワクワクしない時間」をなるべく減らして、「自分の時間」を大切にしてほしいとの思いからです。教育委員会職員の時間も同じです。教育委員会の業務改善や仕事の削減が進めば、それは多くの場合、教頭先生たちの負担軽減にもつながります。

＊20 堀江貴文「電話してくる人とは仕事するな」東洋経済オンライン、2017年6月5日 https://toyokeizai.net/articles/-/174408

資料裁判、会議裁判

また、わたしも小・中学生の親ですが、保護者目線に立つと、入学式前後で何度も住所や氏名を書かされる書類が多いのは、けっこうストレスがたまります。小・中学校ならば、児童生徒名簿が教育委員会から送られてきていて、そこに住所等も載せておけばいいのに、と思いますし、そもそも教育委員会はうちの住所を知っているので、聞く必要性はないはずです。自宅までの地図を書けという欄は、うちはグーグルマップを貼り付けていますが。

みなさんの周りのルールや手続き、作業が「仕事ごっこ」になっていないか、本当にメリットはあるか、あるいはコスト（お金、手間、時間）のほうが大きくないかなどは、総点検したいですね。

前掲『仕事ごっこ』でも「資料裁判」、「会議裁判」と言って、その資料作成や会議が必要かどうか、別手段のほうがよいのではないか等を裁判のごとく見直して、決断する例があがっています（同書27～28頁）。GEという巨大企業が「ワークアウト」という取り組みをしていた事例にも似た話です。

おそらく教頭先生や校長先生から見れば、この資料は要らない、この手続きは不要だと思うものはかなりあるのではないでしょうか。また、コンサルタントなど外部の目線も入れると、より効果的かもしれません。教育委員会において、「資料裁判」など「仕事ごっこ撲滅活動」をやってみませんか？

Chapter 7

昨夜は
ある保護者への対応に
3時間かかりました

1 学校運営協議会、どう進めていけばいいですか

お悩み

今年度、学校運営協議会を立ち上げ、活動していく予定なのですが、具体的にどんな支援を頼めばよいのか、苦慮しています。全国各県のホームページを参照していますが、これまでの学校評議員会からのアップデートをどう図ればよいか悩んでいます。

（近畿、中学校、校長）

走りながら考える

ご質問をお寄せいただき、ありがとうございます。

似た質問を以前も何人かの方（校長先生や教育委員会職員）から聞いたことがあります。コミュニティ・スクール（学校運営協議会制度、以下ＣＳ）をこれから始めようとするとき、委員はどうしようか（どんな人を選べばよいか）、年に何回くらい開こうか、どんな内容を協議したらよいか、そして今回の

ご質問のようにどんな活動につなげていくかなど。

誰にとっても、初めてのことにはとまどいや疑問はたくさんあるものですよね。はじめから準備万端とはなかなかいかず、「走りながら考える」、やりながら修正していくようなことがあってもいいと思います。

スマホのアプリなどでも、しょっちゅうアップデートしますよね。はじめから完璧に近いものなどつくれるわけがないので、ユーザーの反応やトラブルなども見ながら、徐々に改善していくという方法です。

そもそも、なんのため？

ただ、せっかくCSを設置、活用するなら、事前にある程度作戦を練っておきたいです。戦略的に考えておく。

というのは、今回のご質問もそうですし、あるいは前掲の類似する質問もそうなのですが、わたしから逆にお聞きしたいのは「**なんのためにCSを設置するんですか？**　設置することが目的じゃないですよね？」ということです。

答えはひとつではありませんし、各地のさまざまな考え方や実践があってよいと思います。たとえば、キャリア教育の推進が学校の重点、特色のひとつであり、いっそう推進したいなら、それにくわしい人やコーディネーターを委員に選びますし、議題にもします。もしくは、中学校で低学力層の底上げが最重要課題のひとつなら、くわしい専門家（大学の先生など）や小学校の関係者、学習塾関係者らを委員に選び、各種データをもとに議論するとよいでしょう。これらの場合、町内会等のトップを委員に入れても、おそらくあまり効果的ではありません。

専門家はたいてい忙しいので、委員としてではなく、ゲストとしてオンライン会議で参加してもらうのもひとつの手です。「田舎だから人がいない」と言い訳ばかりしていても生産的ではありません。

つまり、**委員の人選、開催回数、議題、進め方などは、なんのためにCSを設置する（している）のかという目的、ねらいに応じて変わってきます**。当たり前の話ですが、この当たり前が案外グラグラしている例は少なくありません。

図表７－１　「学校評議員制度」と「学校運営協議会制度」との相違

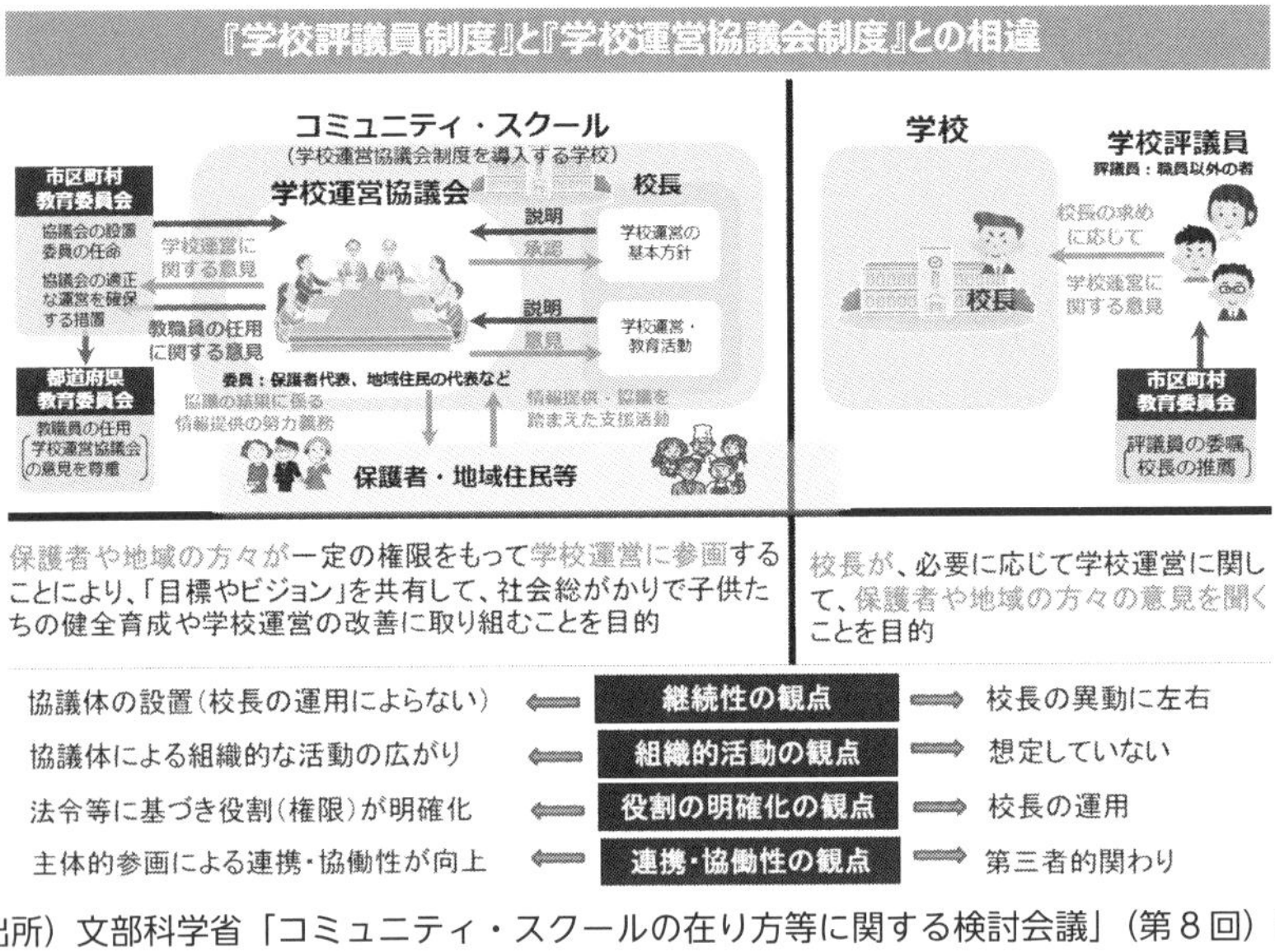

出所）文部科学省「コミュニティ・スクールの在り方等に関する検討会議」（第８回）配布資料、2021年12月24日
https://www.mext.go.jp/content/20211223-mxt_chisui02-000019725_5.pdf

そして、やや乱暴に申し上げるなら、「CSを立ち上げたものの、何をしたらよいか」という悩み、質問の多くは、学校運営の重要課題や向かいたい方向性、ビジョンについて、校長等がしっかり深く考えられていないということの証左でもあるかもしれません。

学校評議員と何が違うのか？

今回のご質問にもあるように、学校評議員と何が違うのか、どうアップデートを図るのかという点も重要です。教科書的な説明をすると、学校評議員は校長のアドバイザーとして、個人として意見を述べるのに対して、CSでは、議論したうえで、協議会としての意見をまとめます（図表7－1）。

両制度には共通点もありますが、CSでは、単なる「ご意見番」的な役割を超えられるかという点が重要だと、わたしは捉えています。要するに、学校評議員ですと、アドバイスをして、悪く言えば、言いっぱなしでもいいわけです。**CSは単に評論するだけでなく**、議論して決めたことの一部は、地域学校協働活動として展開したり、またはその後の状況を協議会としても

図7－2　CSはどんな場なのか

素朴なギモン　コミュニティ・スクールって、学校評議員となにがちがうの？
（別にコミュニティ・スクールにしなくても、いいんじゃない？）

コミュニティ・スクールは

■議論、熟議する場である。⇔×イエスマンばかり。

■決める場である。⇔×話し合うだけで仕事した気になる。

■責任と権限がある。⇔×言いっぱなし、評論。

モニタリングしたりすることも重要になってくると思います。わたしがよくお伝えしているのは、図7－2のスライドのメッセージです。

とはいえ、学校評議員にせよCSにせよ、はじめから肩肘張っても、いいアイデアは出てきにくいと思います。まずは校長先生が率先して、気さくに、オープンに、学校の困り感や悩んでいることをお話ししていくといいと思います。

2 働き方改革を進めるにも、保護者の声が心配です

お悩み

働き方改革について、教職員の意識は変わってきたと思いますが、保護者の協力を得ていくことが課題です。学校行事やこれまでの慣習を見直すにも、「学校、先生は冷たくなった」と保護者に言われないか、心配です。

（中部、小学校、教頭）

保護者を気にして、やめられない、減らせない

今回のようなお悩み、本当によく聞きます。「日本型学校教育」と呼んだらよいのでしょうか。日本の多くの学校では、非常に手厚いサービスを提供してきました。たとえば、教職員の勤務時間の前に児童生徒が登校している例は全国各地で見られます。保育園では延長保育料をとることもあるのに、小学校などでは無償労働で支えています。

働き方改革にかかわる中央教育審議会の答申（２０１９年）では、学校が担っていたさまざまな業務について仕分けをしています。登下校の対応・見守り、放課後や夜間の見回り・補導対応などは「基本的には学校以外が担うべき業務」、つまり、基本的には家庭の責任であることを確認していますが、現状、教員が担っている学校も少なくありません。

また、「学校の業務だが、必ずしも教師が担う必要のない業務」もたくさんあります。このうち、部活動の地域移行をめぐっても、保護者の経済的な負担や送り迎えなどの負担が増えることを懸念する声が多くありますよね。少子化が進んでいるからといって、部活動の精選・縮小を図ることにも、保護者や地域から大反対が起きることが多々あります。

学校行事についても、コロナ対策のための見直しは各校で進んでいると思いますが、「働き方改革や教職員の負担軽減のためとは言えない」という声を校長先生などから聞きます。

児童生徒の宿題や作品についての日常的なコメント書きや添削はどうでしょうか。丁寧なほうがよいと思っている教員は少なくありませんし、保護者からクレームが来ても面倒だし、ということで、やめ

られないでいるケースもあります。

本当に保護者のせいなのか？

こうしたことをふまえるなら、今回紹介したような声が出てくるのも理解・共感できます。また、一部の執拗なクレーマー的な保護者等の対応に非常に苦慮されている（もしくはそうした経験のある）教育関係者にとっては、クレームに発展しかねないことは避けたい、という気持ちになるのも当然だと思います。

しかし、みなさんとあらためて考えたいのは、働き方改革が進まないのは、本当に保護者のせいなのだろうか、ということです。

意地悪な見方かもしれませんが、**保護者のせいとばかり言って、しっかり対話していくことや根本的な見直しに着手しようとしないから、忙しいままなのでは**ないでしょうか。

もちろん、わたしは学校や先生たちだけが悪いと言うつもりはありませんし、保護者や地域社会にももっと理解してもらいたいと思うことは多々あります。クレーマー的な方に校長先生や教職員が粘り強く対応するなかで、心身を病んでいくのも、なんとかしたいです。

しかし、学校側にも踏み込み不足のことはないか、遠慮や躊躇をし過ぎている側面もあるのではないか、ということを考えたいのです。そこで、次の2点がとくに重要だと思います。

●学校の勤務実態や取り組み状況を保護者等にも共有しているか。
●先生が忙し過ぎることは子どもたちのためにもならない。このことを保護者等とどこまで共有できているか。

保護者に対して協力を求める前に、もっと現実の「情報を共有する」こと。そして、働き方を見直すことで、先生たちに心のゆとりや学びの時間を生み出すこと、それは子どものためにもなるという「思い、ビジョンを共有する」ことが大切ではないでしょうか。

「先生たちは疲れ果ててよい」なんて考えている保護者はほとんどいません。コメント書きを多少カットしても、通知表の所見が簡素になっても、学校行事の準備を一部カットしても、おそらく、多くの保護者はそれほど気にしません。子どもたちが元気で学校が楽しいと言ってくれていることが保護者にとって一番大切です。

たとえば、部活動も、休日のわずかな手当を除いて、ほとんど教員のボランティア、献身性に支えられていること、その体制ではさまざまな問題や限界がきていること、教員は部活動指導のために採用・配置されているのではないことなどを伝える必要があります。ある公立中学校長は、入学式のあとでそうした説明をしたところ、部活動に関するクレームが激減したそうです。

新1年生向けの説明会や入学式のあとのガイダンスの時間が、多くの保護者が集まる、千載一遇のチャンスです。どんな対話を始めるか、作戦を練っていきましょう。

3

昨夜は、ある保護者への対応に3時間かかりました

お悩み

「小学生の子どもがちょっと怪我をしたくらいで電話をかけてこなくていい」と妹尾さんは言いますが、「なんでちゃんと言ってくれなかったんだ」とおっしゃる保護者もいます。全体からすればわずかかもしれませんが、ややこしい保護者への対応にわたしたちの99％のエネルギーがもっていかれます。昨夜もある保護者がいらして、結局3時間かかりました。

（小学校、教頭）

耳と肘が痛くなりました

似た経験のある方も少なくないでしょうね。「ある保護者から電話で1時間以上お説教です。こちらが反論しようものなら、火に油を注ぎますから、ひたすら聞くしかありません。耳と肘が痛くなりました」という話をうかがったこともあります。

ある市の教育長（教員出身）から数年前にこんな話も聞きました。「クレーマー的な方や本当にややこしい保護者は、全体からすれば1％もいないかもしれない。でも0・5％だとしても、500人児童生徒がいる学校では2～3人いることになる。その0・5％の方への対応に多大な時間がかかって、先生方は精神をすり減らしてしまう」。

「それほど文句があるなら（イヤなら）、別のところに行ってください」と公立学校は言えないですからね。一方で、学校側に問題の一端がある場合もありますから、安易に「クレーマー」扱いしてもいけないときもあります。

難題ですが、**トラブルの予防策（抑止策）と事後対策に分けて**考えてみたいと思います。

事後対策としては、各校でなさっていると思います。学級担任ひとりに任せ過ぎず複数人で対応する、こじれた場合は実際に会って話し合うなど、チーム対応です。教員の精神疾患の事案では、保護者対応そのものに加えて、職場で支えてくれる人がいなかったケースなどが多く報告されています。

また、ケースバイケースのところはあるにせよ、多くの事案に共通する技術や有効な方法もあるはずです。研修をしたり、グッドプラクティスを全国的に共有したりする必要性は高いと思います。

ただし、これらでうまく事がおさまらないケースも多いので、現場は大変なんですよね。元小学校教員の鈴木邦明さん（帝京平成大学）は、**「通常と特殊（異常）な場合を見分けて対応することが大事」**と述べています。通常の対応としては、傾聴することなどは大切なのですが、相手が特殊な場合（重い精神疾患、ストレス発散、金銭の要求など）は、通常と同じ対応をとると、収拾がつかなくなるときも多いです。通常なのか特殊なのかは、経験がものをいうときも多いですから、みなさん忙しいとはいえ、やはりチームで取り組むことが重要ですね。

特殊な場合では、心理カウンセラー、医師、弁護士など、事案に応じて専門家の支援を早期から受けることも必要でしょう。交通事故のときには損保会社が必ず入りますよね。当人同士だけで示談するのは稀です。**信頼の置ける第三者が必要なときに応援に来られる環境をつくるのは、教育委員会の責務**だと思います。

時間制限はできないか

予防策、抑止策も考えていく必要があります。

ひとつは、電話にせよ、対面にせよ「いじめ対策など真に緊急性の高い事案を除いて、保護者との相談は**原則30分以内にする**」といった約束事を保護者にしっかり共有しておくことが必要ではないでしょうか。

「妹尾はクレームを受ける当事者ではないので、気楽なことが言えるんだ」というご意見もあるでしょうが、私から見ていると、学校はあまりにも受け過ぎ、丁寧過ぎです。たとえば1時間その保護者に付きっきりになったら、その分、ほかの児童生徒のための時間が奪われることになりますし、教職員が疲弊しては子どもたちにとってよいわけがありません。教育委員会が文書を出し、入学式などでも校長は説明、説得に向けた努力をしていくべきだと思います。

精神科医だって、自殺願望のある患者に対して2時間も3時間も応じませんよね。**プロフェッショナルだからこそ、自身を守りつつ、限られた時間でよい対応をする**ことをめざすべきではないでしょうか。学校は多くのものが子どもたちのために設計されていますが、教職員を守るための思想と仕組みが脆弱なのは問題です。

長電話もやめたいですよね。よく航空会社などがやっている「この通話は録音しています」を導入したほうが多少の抑止になると思いました。ところが、こういう対策を講じると、学校にちょっとした相談がしづらくなる保護者もいます。保護者は本当に溜め込んでしんどくなったときに爆発してしまうかもしれませんし、そうなると児童生徒のためにもなりません。録音については、やはり先方の承諾を得たうえでだと思います。

また、各校で、あるいはＰＴＡ、学校運営協議会などでも考えてほしいのは、もっと気軽に校長等と保護者が話をできる場を増やせないか、ということです。お互いのことを知っていれば、すごいクレームに発展することは少なくなるはず。ウィズコロナ時代に見つめなおす必要があると思います。

4 地域の会議にどれぐらい出ればいいですか

お悩み

校長は学校の顔として、休日や勤務時間外に地域の催しや会議、スポーツ少年団等の主催大会等への案内をいただく機会が多々あり、参加は任意ですが、欠席すると義理を欠くことになります。校長として「学校にかかわる諸団体」とどの程度おつき合いをすればよいのでしょうか？

（東北、小学校、校長）

校長先生はなんでも屋か？

「校長は学校の顔」とは、よく言われます。たしかにそうだなと思いますが、だからと言って、休日や勤務時間外の会合等が多いのは大変ですよね。わたしも小学校のＰＴＡ会長をしていたときに、地域の会議が多いことにビックリしました。おそらく校長先生はもっと多いのでしょうね。「地域との顔つなぎも、管理職手当に含まれているんだ」。

そう言う校長先生（または校長経験者）もけっこういますよね。でも、本当にそうでしょうか？

そもそも、校長先生の仕事・役割って、どこからどこまでなのでしょうか。実はこれが非常に曖昧で、はっきりしていません。釈迦に説法ですが、学校教育法で「校長は、校務をつかさどり、所属職員を監督する」とありますが、校務をつかさどる業務には、さまざまなものが入っていると解釈されています。「社会に開かれた教育課程」や「学校と地域の連携・協働」が学習指導要領などで重視されているなか、地域との関係づくりも、校務の一部、校長の役割の一部と言えそうです。趣味や私的な活動ではありませんしね。

ところが、だからと言って、あれもこれも校長の仕事だと詰め込んでは、パンクしてしまいます。それに、**校長先生が真に重要なことに時間やエネルギーを割けない事態になっては、学校の組織運営や教育活動にとってマイナス**です。

たとえば、今回のお悩みに関連して、休日にゆっくり休めない、プライベートを過度に犠牲にしないといけないとなると、勤務時間中にも疲労がたまったままで、仕事の能率が上がりません。

また、ついイライラしてしまうこともあるかもしれません。校長先生がご機嫌でないと、職場の雰囲気や教職員との関係上も、マイナスですよね。

校長先生がゆとりをもって、ときには自己研鑽したり、旅をしたりして視野を広げていくことは、教職員や児童生徒にとってもプラスになります。

こうした理由から、地域の会合等は本当に出る必要があるのか、精選する必要があります。

必要な地域貢献とは

とはいえ、一人で立ち向かうのはあまり望ましくないと思います。「あの校長はつき合いが悪い」などと評判を落とすことにもなりかねませんし、異動もあります。

やはり、市区町村の校長会などで、設置者（教育委員会）も巻き込みつつ協議して、市区町村の方針として、校長の会合等への参加は限定するということをはっきりさせる必要があると思います。十中八九ほかの校長先生も、負担に感じているはずです。

次に、会議等の仕分けをしていきましょう。一例ですが、①毎回出席する必要性の高い会議、②議題などに応じて必要なときだけ参加すればよい会議、③出席する必要がない会議などと分類します。

このとき問いかけてほしいのは、「校長が参加することで、**その会議等にどのくらい貢献できるか、**効果があるか」ということです。ほとんどの時間が聞いているだけ、挨拶だけという会合やイベントであれば、いる意味はあまりありません。

教育関係者や公務員の方のなかにはコスト意識があまり高くない人もいますが、民間の発想では、自然なことです。自分がいても、あまり価値の出せない会議には出ない。

「いやいや、地域の方の話を聞くだけでも勉強になります」というご意見もあるでしょう。わかります。

ですが、そんなことを言っていたら、キリがありませんし、情報収集は別の方法でもできるはずです。コミュニティ・スクールなどで地域の方の意見を聞く、熟議することに時間を割き、地域の会合等は最小限にするという方針でよろしいのではないでしょうか。

「ゲストティーチャーや登下校の見守りなどで、地域の方にはたいへんお世話になっているから、校長としては会合等には出ざるを得ない」。そうおっしゃる方もいますね。この気持ちもわかります。ですが、**子どもたちの健全な育成が最大の地域貢献**だと思いますし、学校の敷居を低くして、地域とともに子どもの学びをサポートしていけるようにすれば、会合等に出なくても、よほど、地域の方々も喜ぶのではないでしょうか。

ポイント解説⑫
家庭・地域との関係づくり

急がば回れ

このChapterでは保護者や地域との関係構築をめぐるお悩みについて扱いました。読者のみなさんも、悩ましいこと、本当にむずかしいことに日々直面されているのではないかと思います。近道、特効薬がある世界だとは思えませんが、「急がば回れ」ということも必要ではないでしょうか。そのことを4点に分けて解説しましょう。

第一に、児童生徒の深刻な問題が減れば、保護者等とのトラブルも減ります。当たり前のことですが。どの保護者も、子どもがニコニコ学校に行っていれば、まずクレーマーにはなりません。児童生徒へのケア、支援が保護者等との関係づくりのうえでもベースであることを、あらためて、教職員の共通認識にしていくことが大切ではないでしょうか。

わたしがよく参考にしているのは、久我直人教授（鳴門教育大学）の研究です。子どもはどんなときにがんばり、優しくなれるのか、中学生（1~3年生）約5200人、小学生（4~6年生）約6000人を対象に調査しました。[*21] 分析からわかったのは、「自分への信頼」、つまり「私は一人の大切な人間である」「自分にはよいところがある」という自己認識が、子どもの学習意欲などの頑張りを伸ばし、同時に、人のことを大切にすることなど、優しさにも強く影響することでした。

つまり、**子どもたちの自分への信頼や自己肯定感を高める教育、ケアを、教職員がチームとなって進めること、また家庭や地域の協力を得ながら進めていくことが、子どもたちの問題行動を減らし**、それが結果的には教職員の負担軽減にもなります。

情報の共有と思いの共有

第二に、学校のビジョンないし育成したい資質・能力を、家庭・地域と共有していくことを重視したいです。保護者や地域の方は、敵ではありません。「こんな子どもたちに育っていってほしいですよね。だったら、いっしょに取り組んだり、それぞれでできることを進めたりしましょう」。こういう流れです。

しかし、おそらくかなりの学校では、**ビジョンが保護者はおろか、教職員にも十分に伝わっている、浸透しているとは言い難いのではないでしょうか。**[*22]入学式のときに少し話をした、校長便りにキャッチフレーズは毎回載せている。その程度で腹落ちする人はごくわずかだと思います。

こんな学校にしたい、なりたい。だったら、先生たちが疲れ果てた状態ではダメですよね。子どもたちがウェルビーイングな学校にするためには、まずは教職員のウェルビーイングを大切にする必要がありますよね。そんな話も保護者等にしていけるといいのではないでしょうか。

第三に、事実を伝えることです。先ほどのビジョンの話も関係しますが、「情報の共有」と「思いの共有」の両方が重要です。これも当たり前のことじゃないか、と思われると思いますが、どこまでできているでしょうか。たとえば、部活動について、保護者は基本的な事実関係を知らないから、学校にもっとやってほしいという話になりやすいです（2のお悩みを参照）。

事実を伝える際には「**世の中の多くのことはトレードオフ**である」ということにも注意してください。トレードオフとは、何かを得れば、何かは失う、犠牲になるということです。あちらを立てれば、こちらは立たずということですね。たとえば、教員が部活動指導に従事する時間が長くなれば、それだけ授

＊21　久我直人『教育再生のシナリオの理論と実践』現代図書、2015年
＊22　わたしの最初の本『変わる学校、変わらない学校——学校マネジメントの成功と失敗の分かれ道』と続く『思いのない学校、思いだけの学校、思いを実現する学校』（ともに学事出版）はこの問題を扱っています。ちょっと宣伝になりました。

業準備や自己研鑽は細ってしまうでしょう。「授業がテキトーな先生でいいわけありませんよね。もっと部活動に時間を割いてほしいとおっしゃるなら、学校に頼るのではなく、スポーツクラブなどにご相談ください」と保護者に問いかけるのは、言い過ぎでしょうか？[*23]

ある特定の保護者からの電話や面談で2時間も3時間も使うのはいかがなものかと書いたのも（ポイント解説8を参照）、トレードオフを意識してのことです。

事実を伝える別の例としては、「もっと宿題を出してください」という保護者もいれば、「うちは塾に行かせているし、宿題はなくていい、少なくていい」という保護者もいますよね。ある程度経験がある教員なら、どういう説明をしていくかというアイデアはお持ちだと思いますが、若手の先生はどうでしょうか。校内研修などで話し合ってみてもいいかもしれません。

ビジョンの共有とも関係深いですが、「だれかからやれと言われたから仕方なくやる。そんな子を増やしたいわけではありません」「学校で大切にしているのは、子どもたちが自律していけるようになることです」「一律のプリントやドリル教材などでは、合わない子もいます」。そんな話もしながら、宿題のあり方を保護者も児童生徒も考えていけるといいのではないでしょうか。

ソーシャル・ディスタンスに要注意

第四に、**家庭・地域と学校との距離を縮める**ことについてです。3のお悩みでも少し言及しましたが、新型コロナの影響もあって、保護者や地域住民が学校に行く機会は減っていますし、保護者同士などの横のつながりも薄くなりがち。コミュニケーションが減って、つながりが薄くなると、ちょっとしたトラブルや出来事で学校（ないし担任等）への不信感が一気に増したり、お互いにリスペクトしようとする姿勢が弱くなりやすくなったりすると思います。

コロナ前のものですが、露口健司教授の研究によると、学校は保護者の意向をくみ取ってくれる、親しみやすいなどの誠実性を感じられるコミュニケーションが保護者の学校への信頼に影響していること、また、ＰＴＡ活動や保護者ボランティアなどの充実性が高いと学校への信頼も高まることがわかっています。*24

具体策としてはさまざまな方法がありえますが、コミュニティ・スクールでの協議のほか、校長とざっくばらんに話ができる機会（茶話会など）もあってもいいかもしれません。

関連して、「保護者対応」という用語にも、わたしは違和感を持ってきました（どこか後ろ向きでネガティブなニュアンスを感じますし）。エンゲイジメント、関係づくりなどと捉えたほうがよいと思います。

以上４点は、保護者等をお客様や消費者、あるいは傍観者ではなく、応援団にしていく。より正確に言えば、子どもたちを育てていく当事者にしていく、ということでもあります。わたしもイチ保護者としても、あるいは学校を応援する立場としても、当事者の一員になっていきたいと思っています。

＊23　「うちは塾に行かせているから、学校には期待していない」なんて言う保護者もいますし、ややこしいですよね。
＊24　露口健司『学校組織の信頼』大学教育出版、２０１２年

おわりに

本書で、実にさまざまなお悩み、質問を考えてきました。いかがでしたでしょうか。

少しでもたたき台なり、いつもとちがった見方、捉え方ができるきっかけになれば、幸いです。

本書がどこまでうまくいったか。読者のみなさんの評価や率直な感想をお待ちしたいと思いますが、わたしは次の３つの観点が大事だと考えています。

①同じ温度の風呂に入ったか

エロい話じゃないですよ（笑）。この比喩は岡田斗司夫さんの悩み相談の本に出てきますが（『オタクの息子に悩んでます』幻冬舎、２０１２年）、大の大人がわざわざ相談してきているわけです。一筋縄ではいかない問題や現実になるべく一緒に悩み、共感できるところはして、回答したいと思いました。安全地帯から、評論家ちっくに論じるのではなく。

校長先生や教職員も、文科省や教育委員会の職員も、教育問題はあれこれといろんな人が言ってきますから、疲れていませんか？　ＳＮＳもほんとに厳しいコメントなどで溢れています。

もちろん、いろんなアイデアや時には批判もとても大事だと思うのですが、学校も教育行政も、少ない人数で、たくさんのことを同時に、しかも子どもたちに関わる不確実性の高いお仕事をしていますね。またたとえになりますが、変数がたくさんある連立方程式を無理やり解こうとしているような、しかも厳しい条件（予算制約や人数）の中で。難易度の高さに共感、共鳴しながら考える。これが本書を含むわたしの仕事のベースです。

②真にメスを入れるべきところを特定できたか

とはいえ、「大変ですよね」と共感するだけでは、スナックのママさんならいいかもしれませんが、みなさんの問題解決にはなりません。

で、問題解決と言っても、解決にウエイトがあるというよりは、真に重要な問題（＝課題）が発見できれば、しめたものです。これがまたむずかしい。

世の中、本当にここに対処するべきなのか、問題と対策が合っていないのでは、と思うことはありませんか？　たとえば、この「おわりに」を書いている最中に、来年度から教員採用の1次試験のスケジュールを1ヵ月ほど前倒しする、というニュースが入りました。民間企業の内定のほうが早いからですが、1ヵ月早めるくらいでは根本的な対策にならない、と思うのは、わたしだけではないはず。学生たちにとって、先生が魅力的な職になるには、もっと別の問題に向き合う必要がありますよね？

わたしたちの時間もエネルギーも限られています。ムダとまでは申しませんが、あまり効果のないところに時間もエネルギーも費やして、疲れ果ててしまっては、もったいない。本書では、お悩みに共感しつつも、少し距離を置いた目線から分析し、真に重要なところはどこなのか、考えてきました。

③やわらかく考えたか

問題の発見、特定ができたあとは、解決策を考えるフェーズです。ここでひと呼吸おいて、リラックス。過去からの延長線上だけの発想では、なかなかうまくいきません（だから悩んでいるわけですし）。なるべく柔軟な発想で、前例や慣習に囚われずに解決策を出したいと思っています。

以上3点は、みなさんが各学校現場などで厳しい現実を打破していくうえでも、大事になってくるかもしれません。人間だれしも悩みは尽きないかもしれませんが、昨日より今日、今日より明日がよりよくなりますように。

本書は『教職研修』という専門誌での連載に大幅に加筆したものです。この連載と本づくりを支えてくださった教育開発研究所の桜田さん、岡本さん、佐々木さん、松島さんにお礼申し上げます。クロストークにご協力いただいた識者の方、また、お悩みを打ち明けてくださった方々もありがとうございました。連載は（ご好評いただければ）続きますし、みなさま、ご感想やお悩みの投稿など、どうぞよろしくお願いします。

２０２３年６月
妹尾昌俊

■著者紹介■

妹尾昌俊（せのお・まさとし）
教育研究家、一般社団法人ライフ＆ワーク代表理事

野村総合研究所を経て、2016年から独立。全国各地の教育現場を訪れて講演、研修、コンサルティングなどを手がけている。学校業務改善アドバイザー、中教審（質の高い教師の確保特別部会、働き方改革特別部会）など、国・自治体の委員も多数経験。著書に『先生を、死なせない。』『こうすれば、学校は変わる！「忙しいのは当たり前」への挑戦』（教育開発研究所）、『教師崩壊』（PHP新書）、『学校をおもしろくする思考法』『変わる学校、変わらない学校』（学事出版）など多数。5人の子育て中。

Mail：senoom879@gmail.com
Twitter：@senoo8masatoshi
Web：https://senoom.jimdofree.com/

校長先生、教頭先生、そのお悩み解決できます！

2023年7月20日　第1刷発行

著　者　妹尾昌俊
発行者　福山孝弘
発行所　株式会社 教育開発研究所
〒113-0033　東京都文京区本郷2-15-13
TEL03-3815-7041／FAX03-3816-2488
https://www.kyouiku-kaihatu.co.jp
表紙デザイン　長沼直子
本文デザイン　shi to fu design
本文イラスト　星野スウ
著者イラスト　渡邉光瑠
印刷・製本　中央精版印刷株式会社
編集担当　桜田雅美

ISBN 978-4-86560-576-1